T R A N Z L A T Y

La Langue est pour tout le Monde

El idioma es para todos

Introduction
Introducción

Un spectre hante l'Europe : le spectre du communisme
Un fantasma acecha a Europa: el fantasma del comunismo
Toutes les puissances de la vieille Europe ont conclu une sainte alliance pour exorciser ce spectre
Todas las potencias de la vieja Europa han entrado en una santa alianza para exorcizar este fantasma
Le pape et le tsar, Metternich et Guizot, les radicaux français et les espions de la police allemande
El Papa y el Zar, Metternich y Guizot, los radicales franceses y los espías de la policía alemana
Où est le parti dans l'opposition qui n'a pas été décrié comme communiste par ses adversaires au pouvoir ?
¿Dónde está el partido en la oposición que no ha sido tachado de comunista por sus adversarios en el poder?
Où est l'opposition qui n'a pas rejeté le reproche de marque du communisme contre les partis d'opposition les plus avancés ?
¿Dónde está la Oposición que no haya devuelto el reproche de marca al comunismo contra los partidos de oposición más avanzados?
Et où est le parti qui n'a pas porté l'accusation contre ses adversaires réactionnaires ?
¿Y dónde está el partido que no ha hecho la acusación contra sus adversarios reaccionarios?
Deux choses résultent de ce fait
Dos cosas resultan de este hecho
I. Le communisme est déjà reconnu par toutes les puissances européennes comme étant lui-même une puissance
I. El comunismo es ya reconocido por todas las potencias europeas como una potencia en sí misma
II. Il est grand temps que les communistes publient ouvertement, à la face du monde entier, leurs vues, leurs buts et leurs tendances

II. Ya es hora de que los comunistas publiquen abiertamente, a la vista de todo el mundo, sus puntos de vista, sus objetivos y sus tendencias

ils doivent répondre à ce conte enfantin du spectre du communisme par un manifeste du parti lui-même

deben hacer frente a este cuento infantil del Espectro del Comunismo con un Manifiesto del propio partido

À cette fin, des communistes de diverses nationalités se sont réunis à Londres et ont esquissé le manifeste suivant

Con este fin, comunistas de diversas nacionalidades se han reunido en Londres y han esbozado el siguiente Manifiesto

ce manifeste sera publié en anglais, français, allemand, italien, flamand et danois

El presente manifiesto se publicará en inglés, francés, alemán, italiano, flamenco y danés

Et maintenant, il doit être publié dans toutes les langues proposées par Tranzlaty

Y ahora se publicará en todos los idiomas que ofrece Tranzlaty

Les bourgeois et les prolétaires
La burguesía y los proletarios

L'histoire de toutes les sociétés qui ont existé jusqu'à présent est l'histoire des luttes de classes

La historia de todas las sociedades existentes hasta ahora es la historia de las luchas de clases

Homme libre et esclave, patricien et plébéien, seigneur et serf, maître de guilde et compagnon

Hombre libre y esclavo, patricio y plebeyo, señor y siervo, maestro de gremio y oficial

en un mot, oppresseur et opprimé

en una palabra, opresor y oprimido

Ces classes sociales étaient en opposition constante les unes avec les autres

Estas clases sociales estaban en constante oposición entre sí

Ils se sont battus sans interruption. Maintenant caché, maintenant ouvert

Llevaron a cabo una lucha ininterrumpida. Ahora oculto, ahora abierto

un combat qui s'est terminé par une reconstitution révolutionnaire de la société dans son ensemble

una lucha que terminó en una reconstitución revolucionaria de la sociedad en general

ou un combat qui s'est terminé par la ruine commune des classes en lutte

o una lucha que terminó en la ruina común de las clases contendientes

Jetons un coup d'œil aux époques antérieures de l'histoire

Echemos la vista atrás a las épocas anteriores de la historia

Nous trouvons presque partout un arrangement compliqué de la société en divers ordres

Encontramos casi en todas partes una complicada organización de la sociedad en varios órdenes

Il y a toujours eu une gradation multiple du rang social

Siempre ha habido una múltiple gradación de rango social

Dans la Rome antique, nous avons des patriciens, des chevaliers, des plébéiens, des esclaves

En la antigua Roma tenemos patricios, caballeros, plebeyos, esclavos

au Moyen Âge : seigneurs féodaux, vassaux, maîtres de corporation, compagnons, apprentis, serfs

en la Edad Media: señores feudales, vasallos, maestros de gremios, oficiales, aprendices, siervos

Dans presque toutes ces classes, encore une fois, les gradations subordonnées

En casi todas estas clases, de nuevo, las gradaciones subordinadas

La société bourgeoise moderne est née des ruines de la société féodale

La sociedad burguesa moderna ha brotado de las ruinas de la sociedad feudal

Mais ce nouvel ordre social n'a pas fait disparaître les antagonismes de classe

Pero este nuevo orden social no ha eliminado los antagonismos de clase

Elle n'a fait qu'établir de nouvelles classes et de nouvelles conditions d'oppression

No ha hecho más que establecer nuevas clases y nuevas condiciones de opresión

Il a mis en place de nouvelles formes de lutte à la place des anciennes

Ha establecido nuevas formas de lucha en lugar de las antiguas

Cependant, l'époque dans laquelle nous nous trouvons possède un trait distinctif

Sin embargo, la época en la que nos encontramos posee un rasgo distintivo

l'époque de la bourgeoisie a simplifié les antagonismes de classe

la época de la burguesía ha simplificado los antagonismos de clase

La société dans son ensemble se divise de plus en plus en deux grands camps hostiles

La sociedad en su conjunto se divide cada vez más en dos grandes campos hostiles

deux grandes classes sociales qui se font directement face : la bourgeoisie et le prolétariat

dos grandes clases sociales enfrentadas directamente: la burguesía y el proletariado

Des serfs du Moyen Âge sont sortis les bourgeois agréés des premières villes

De los siervos de la Edad Media surgieron los burgueses de las primeras ciudades

C'est à partir de ces bourgeois que se sont développés les premiers éléments de la bourgeoisie

A partir de estos burgueses se desarrollaron los primeros elementos de la burguesía

La découverte de l'Amérique et le contournement du Cap

El descubrimiento de América y el doblamiento del Cabo

ces événements ont ouvert un nouveau terrain à la bourgeoisie montante

estos acontecimientos abrieron un nuevo terreno para la burguesía en ascenso

Les marchés des Indes orientales et de la Chine, la colonisation de l'Amérique, le commerce avec les colonies

Los mercados de las Indias Orientales y China, la colonización de América, el comercio con las colonias

l'augmentation des moyens d'échange et des marchandises en général

el aumento de los medios de cambio y de las mercancías en general

Ces événements donnèrent au commerce, à la navigation et à l'industrie une impulsion jamais connue jusque-là

Estos acontecimientos dieron al comercio, a la navegación y a la industria un impulso nunca antes conocido

Elle a donné un développement rapide à l'élément révolutionnaire dans la société féodale chancelante

Dio un rápido desarrollo al elemento revolucionario en la tambaleante sociedad feudal

Les guildes fermées avaient monopolisé le système féodal de la production industrielle

Los gremios cerrados habían monopolizado el sistema feudal de producción industrial

Mais cela ne suffisait plus aux besoins croissants des nouveaux marchés

Pero esto ya no bastaba para satisfacer las crecientes necesidades de los nuevos mercados

Le système manufacturier a pris la place du système féodal de l'industrie

El sistema manufacturero sustituyó al sistema feudal de la industria

Les maîtres de guilde étaient poussés d'un côté par la classe moyenne manufacturière

Los maestros de gremio fueron empujados a un lado por la clase media manufacturera

La division du travail entre les différentes corporations a disparu

La división del trabajo entre los diferentes gremios corporativos desapareció

La division du travail s'infiltrait dans chaque atelier

La división del trabajo penetraba en cada uno de los talleres

Pendant ce temps, les marchés ne cessaient de croître et la demande ne cessait d'augmenter

Mientras tanto, los mercados seguían creciendo y la demanda seguía aumentando

Même les usines ne suffisaient plus à répondre à la demande

Ni siquiera las fábricas bastaban para satisfacer las demandas

À partir de là, la vapeur et les machines ont révolutionné la production industrielle

A partir de entonces, el vapor y la maquinaria revolucionaron la producción industrial

La place de fabrication a été prise par le géant de l'industrie moderne

El lugar de la manufactura fue ocupado por el gigante, la Industria Moderna

La place de la classe moyenne industrielle a été prise par des millionnaires industriels

El lugar de la clase media industrial fue ocupado por millonarios industriales

la place de chefs d'armées industrielles entières ont été prises par la bourgeoisie moderne

el lugar de los jefes de ejércitos industriales enteros fue ocupado por la burguesía moderna

la découverte de l'Amérique a ouvert la voie à l'industrie moderne pour établir le marché mondial

el descubrimiento de América allanó el camino para que la industria moderna estableciera el mercado mundial

Ce marché donna un immense développement au commerce, à la navigation et aux communications par terre

Este mercado dio un inmenso desarrollo al comercio, la navegación y la comunicación por tierra

Cette évolution a, en son temps, réagi à l'extension de l'industrie

Este desarrollo ha repercutido, en su momento, en la extensión de la industria

elle a réagi proportionnellement à l'expansion de l'industrie et à l'extension du commerce, de la navigation et des chemins de fer

Reaccionó en proporción a cómo se extendía la industria, y cómo se extendían el comercio, la navegación y los ferrocarriles

dans la même proportion que la bourgeoisie s'est développée, elle a augmenté son capital

en la misma proporción en que la burguesía se desarrolló, aumentó su capital

et la bourgeoisie a relégué à l'arrière-plan toutes les classes héritées du Moyen Âge

y la burguesía relegó a un segundo plano a todas las clases
heredadas de la Edad Media

**c'est pourquoi la bourgeoisie moderne est elle-même le
produit d'un long développement**

por lo tanto, la burguesía moderna es en sí misma el producto
de un largo curso de desarrollo

**On voit qu'il s'agit d'une série de révolutions dans les
modes de production et d'échange**

Vemos que es una serie de revoluciones en los modos de
producción y de intercambio

**Chaque étape du développement de la bourgeoisie
s'accompagnait d'une avancée politique correspondante**

Cada paso de la burguesía desarrollista iba acompañado de un
avance político correspondiente

Une classe opprimée sous l'emprise de la noblesse féodale

Una clase oprimida bajo el dominio de la nobleza feudal

**Une association armée et autonome dans la commune
médiévale**

una asociación armada y autónoma en la comuna medieval

**ici, une république urbaine indépendante (comme en Italie
et en Allemagne)**

aquí, una república urbana independiente (como en Italia y
Alemania)

**là, un « tiers état » imposable de la monarchie (comme en
France)**

allí, un "tercer estado" imponible de la monarquía (como en
Francia)

par la suite, dans la période de fabrication proprement dite

posteriormente, en el período de fabricación propiamente
dicho

**la bourgeoisie servait soit la monarchie semi-féodale, soit la
monarchie absolue**

la burguesía servía a la monarquía semifeudal o a la
monarquía absoluta

ou bien la bourgeoisie faisait contrepoids à la noblesse

o la burguesía actuaba como contrapeso contra la nobleza

et, en fait, la bourgeoisie était une pierre angulaire des grandes monarchies en général

y, de hecho, la burguesía era una piedra angular de las grandes monarquías en general

mais l'industrie moderne et le marché mondial se sont établis depuis lors

pero la industria moderna y el mercado mundial se establecieron desde entonces

et la bourgeoisie s'est emparée de l'emprise politique exclusive

y la burguesía ha conquistado para sí el dominio político exclusivo

elle a obtenu cette influence politique à travers l'État représentatif moderne

logró esta influencia política a través del Estado representativo moderno

Les exécutifs de l'État moderne ne sont qu'un comité de gestion

Los ejecutivos del Estado moderno no son más que un comité de gestión

et ils gèrent les affaires communes de toute la bourgeoisie

y manejan los asuntos comunes de toda la burguesía

La bourgeoisie, historiquement, a joué un rôle des plus révolutionnaires

La burguesía, históricamente, ha desempeñado un papel muy revolucionario

Partout où elle a pris le dessus, elle a mis fin à toutes les relations féodales, patriarcales et idylliques

Dondequiera que se impuso, puso fin a todas las relaciones feudales, patriarcales e idílicas

Elle a impitoyablement déchiré les liens féodaux hétéroclites qui liaient l'homme à ses « supérieurs naturels »

Ha roto sin piedad los abigarrados lazos feudales que unían al hombre con sus "superiores naturales"

et il n'y a plus de lien entre l'homme et l'homme, si ce n'est l'intérêt personnel

y no ha dejado ningún nexo entre el hombre y el hombre, más allá del puro interés propio

Les relations de l'homme entre eux ne sont plus qu'un « paiement en espèces » impitoyable

Las relaciones del hombre entre sí se han convertido en nada más que un cruel "pago en efectivo"

Elle a noyé les extases les plus célestes de la ferveur religieuse

Ha ahogado los éxtasis más celestiales del fervor religioso

elle a noyé l'enthousiasme chevaleresque et le sentimentalisme philistin

ha ahogado el entusiasmo caballeresco y el sentimentalismo filisteo

Il a noyé ces choses dans l'eau glacée du calcul égoïste

ha ahogado estas cosas en el agua helada del cálculo egoísta

Il a transformé la valeur personnelle en valeur échangeable

Ha resuelto el valor personal en valor de cambio

elle a remplacé les innombrables et inaliénables libertés garanties par la Charte

Ha sustituido a las innumerables e imprescriptibles libertades estatutarias

et il a mis en place une liberté unique et inadmissible ; Libre-échange

y ha establecido una libertad única e inconcebible; Libre cambio

En un mot, il l'a fait pour l'exploitation

En una palabra, lo ha hecho para la explotación

Une exploitation voilée par des illusions religieuses et politiques

explotación velada por ilusiones religiosas y políticas

l'exploitation voilée par une exploitation nue, éhontée, directe, brutale

explotación velada por una explotación desnuda, desvergonzada, directa, brutal

la bourgeoisie a enlevé l'auréole de toutes les occupations jusque-là honorées et vénérées

la burguesía ha despojado de la aureola a todas las ocupaciones anteriormente honradas y veneradas

le médecin, l'avocat, le prêtre, le poète et l'homme de science

el médico, el abogado, el sacerdote, el poeta y el hombre de ciencia

Il a converti ces travailleurs distingués en ses travailleurs salariés

Ha convertido a estos distinguidos trabajadores en sus trabajadores asalariados

La bourgeoisie a déchiré le voile sentimental de la famille

La burguesía ha rasgado el velo sentimental de la familia

et elle a réduit la relation familiale à une simple relation d'argent

y ha reducido la relación familiar a una mera relación monetaria

la brutale démonstration de vigueur au Moyen Âge que les réactionnaires admirent tant

el brutal despliegue de vigor en la Edad Media que tanto admiran los reaccionarios

Même cela a trouvé son complément approprié dans l'indolence la plus paresseuse

Aun esto encontró su complemento adecuado en la más perezosa indolencia

La bourgeoisie a révélé comment tout cela s'est passé

La burguesía ha revelado cómo sucedió todo esto

La bourgeoisie a été la première à montrer ce que l'activité de l'homme peut produire

La burguesía ha sido la primera en mostrar lo que la actividad del hombre puede producir

Il a accompli des merveilles surpassant de loin les pyramides égyptiennes, les aqueducs romains et les cathédrales gothiques

Ha logrado maravillas que superan con creces las pirámides egipcias, los acueductos romanos y las catedrales góticas

et il a mené des expéditions qui ont mis dans l'ombre tous les anciens Exodes des nations et les croisades

y ha llevado a cabo expediciones que han hecho sombra a
todos los antiguos Éxodos de naciones y cruzadas
**La bourgeoisie ne peut exister sans révolutionner sans cesse
les instruments de production**
La burguesía no puede existir sin revolucionar constantemente
los instrumentos de producción
**et par conséquent elle ne peut exister sans ses rapports à la
production**
y, por lo tanto, no puede existir sin sus relaciones con la
producción
et donc elle ne peut exister sans ses relations avec la société
y, por lo tanto, no puede existir sin sus relaciones con la
sociedad
**Toutes les classes industrielles antérieures avaient une
condition en commun**
Todas las clases industriales anteriores tenían una condición
en común
**Ils s'appuyaient sur la conservation des anciens modes de
production**
Confiaban en la conservación de los antiguos modos de
producción
**mais la bourgeoisie a apporté avec elle une dynamique tout
à fait nouvelle**
pero la burguesía trajo consigo una dinámica completamente
nueva
**Révolution constante de la production et perturbation
ininterrompue de toutes les conditions sociales**
Revolucionar constantemente la producción y perturbar
ininterrumpidamente todas las condiciones sociales
**cette incertitude et cette agitation perpétuelles distinguent
l'époque bourgeoise de toutes les époques antérieures**
esta eterna incertidumbre y agitación distingue a la época
burguesa de todas las anteriores
**Les relations antérieures avec la production
s'accompagnaient de préjugés et d'opinions anciens et
vénérables**

Las relaciones previas con la producción vinieron
acompañadas de antiguos y venerables prejuicios y opiniones
**Mais toutes ces relations figées et figées sont balayées d'un
revers de main**
Pero todas estas relaciones fijas y congeladas son barridas
**Toutes les relations nouvellement formées deviennent
archaïques avant de pouvoir s'ossifier**
Todas las relaciones recién formadas se vuelven anticuadas
antes de que puedan osificarse
**Tout ce qui est solide se fond dans l'air, et tout ce qui est
saint est profané**
Todo lo que es sólido se derrite en el aire, y todo lo que es
santo es profanado
**L'homme est enfin forcé de faire face, avec des sens sobres, à
ses conditions réelles de vie**
El hombre se ve finalmente obligado a afrontar con sus
sentidos sobrios sus verdaderas condiciones de vida
et il est obligé de faire face à ses relations avec les siens
y se ve obligado a afrontar sus relaciones con los de su especie
**La bourgeoisie a constamment besoin d'élargir ses marchés
pour ses produits**
La burguesía necesita constantemente ampliar sus mercados
para sus productos
**et, à cause de cela, la bourgeoisie est poursuivie sur toute la
surface du globe**
y, debido a esto, la burguesía es perseguida por toda la
superficie del globo
**La bourgeoisie doit se nicher partout, s'installer partout,
établir des liens partout**
La burguesía debe anidar en todas partes, establecerse en
todas partes, establecer conexiones en todas partes
**La bourgeoisie doit créer des marchés dans tous les coins du
monde pour exploiter**
La burguesía debe crear mercados en todos los rincones del
mundo para explotar

La production et la consommation dans tous les pays ont reçu un caractère cosmopolite

La producción y el consumo en todos los países han adquirido un carácter cosmopolita

le chagrin des réactionnaires est palpable, mais il s'est poursuivi malgré tout

el disgusto de los reaccionarios es palpable, pero ha continuado a pesar de todo

La bourgeoisie a tiré de dessous les pieds de l'industrie le terrain national sur lequel elle se trouvait

La burguesía ha sacado de debajo de los pies de la industria el terreno nacional en el que se encontraba

Toutes les anciennes industries nationales ont été détruites, ou sont détruites chaque jour

Todas las industrias nacionales de vieja data han sido destruidas, o están siendo destruidas diariamente

Toutes les anciennes industries nationales sont délogées par de nouvelles industries

Todas las viejas industrias nacionales son desplazadas por las nuevas industrias

Leur introduction devient une question de vie ou de mort pour toutes les nations civilisées

Su introducción se convierte en una cuestión de vida o muerte para todas las naciones civilizadas

Ils sont délogés par les industries qui ne travaillent plus la matière première indigène

son desalojados por industrias que ya no trabajan con materia prima autóctona

Au lieu de cela, ces industries extraient des matières premières des zones les plus reculées

En cambio, estas industrias extraen materias primas de las zonas más remotas

dont les produits sont consommés, non seulement chez nous, mais dans tous les coins du monde

industrias cuyos productos se consumen, no solo en el país, sino en todos los rincones del mundo

À la place des anciens besoins, satisfaits par les productions du pays, nous trouvons de nouveaux besoins

En lugar de las viejas necesidades, satisfechas por las producciones del país, encontramos nuevas necesidades

Ces nouveaux besoins exigent pour leur satisfaction les produits des pays et des climats lointains

Estas nuevas necesidades requieren para su satisfacción los productos de tierras y climas lejanos

À la place de l'ancien isolement et de l'autosuffisance locaux et nationaux, nous avons le commerce

En lugar de la antigua reclusión y autosuficiencia local y nacional, tenemos el comercio

les échanges internationaux dans toutes les directions ; l'interdépendance universelle des nations

intercambio internacional en todas las direcciones; Interdependencia universal de las naciones

Et de même que nous sommes dépendants des matériaux, nous sommes dépendants de la production intellectuelle

Y así como dependemos de los materiales, también dependemos de la producción intelectual

Les créations intellectuelles des nations individuelles deviennent la propriété commune

Las creaciones intelectuales de las naciones individuales se convierten en propiedad común

L'unilatéralité nationale et l'étroitesse d'esprit deviennent de plus en plus impossibles

La unilateralidad nacional y la estrechez de miras se vuelven cada vez más imposibles

et des nombreuses littératures nationales et locales, surgit une littérature mondiale

y de las numerosas literaturas nacionales y locales, surge una literatura mundial

par l'amélioration rapide de tous les instruments de production

por el rápido perfeccionamiento de todos los instrumentos de producción

par les moyens de communication immensément facilités
por los medios de comunicación inmensamente facilitados
La bourgeoisie entraîne tout le monde (même les nations les plus barbares) dans la civilisation
La burguesía atrae a todos (incluso a las naciones más bárbaras) a la civilización
Les prix bon marché de ses marchandises ; l'artillerie lourde qui abat toutes les murailles chinoises
Los precios baratos de sus mercancías; la artillería pesada que derriba todas las murallas chinas
La haine obstinée des barbares contre les étrangers est forcée de capituler
El odio intensamente obstinado de los bárbaros hacia los extranjeros se ve obligado a capitular
Elle oblige toutes les nations, sous peine d'extinction, à adopter le mode de production bourgeois
Obliga a todas las naciones, bajo pena de extinción, a adoptar el modo de producción burgués
elle les oblige à introduire ce qu'elle appelle la civilisation en leur sein
los obliga a introducir lo que llama civilización en su seno
La bourgeoisie force les barbares à devenir eux-mêmes bourgeois
La burguesía obliga a los bárbaros a convertirse ellos mismos en burgueses
en un mot, la bourgeoisie crée un monde à son image
en una palabra, la burguesía crea un mundo a su imagen y semejanza
La bourgeoisie a soumis les campagnes à la domination des villes
La burguesía ha sometido el campo al dominio de las ciudades
Il a créé d'énormes villes et considérablement augmenté la population urbaine
Ha creado enormes ciudades y ha aumentado considerablemente la población urbana

Il a sauvé une partie considérable de la population de
l'idiotie de la vie rurale
Rescató a una parte considerable de la población de la idiotez
de la vida rural
mais elle a rendu les ruraux dépendants des villes
pero ha hecho que los del campo dependan de las ciudades
et de même, elle a rendu les pays barbares dépendants des
pays civilisés
y asimismo, ha hecho que los países bárbaros dependan de los
civilizados
nations paysannes sur nations bourgeoises, l'Orient sur
Occident
naciones de campesinos sobre naciones de la burguesía, el Este
sobre el Oeste
La bourgeoisie se débarrasse de plus en plus de
l'éparpillement de la population
La burguesía suprime cada vez más el estado disperso de la
población
Il a une production agglomérée et a concentré la propriété
entre quelques mains
Ha aglomerado la producción y ha concentrado la propiedad
en pocas manos
La conséquence nécessaire de cela a été la centralisation
politique
La consecuencia necesaria de esto fue la centralización política
Il y avait eu des nations indépendantes et des provinces
vaguement reliées entre elles
Había habido naciones independientes y provincias poco
conectadas
Ils avaient des intérêts, des lois, des gouvernements et des
systèmes d'imposition distincts
Tenían intereses, leyes, gobiernos y sistemas tributarios
separados
Mais ils ont été regroupés en une seule nation, avec un seul
gouvernement

pero se han agrupado en una sola nación, con un solo
gobierno

**Ils ont maintenant un intérêt de classe national, une
frontière et un tarif douanier**

Ahora tienen un interés nacional de clase, una frontera y un
arancel aduanero

**Et cet intérêt de classe national est unifié sous un seul code
de loi**

Y este interés nacional de clase está unificado bajo un solo
código de leyes

**la bourgeoisie a accompli beaucoup de choses au cours de
son règne d'à peine cent ans**

la burguesía ha logrado mucho durante su gobierno de apenas
cien años

**forces productives plus massives et plus colossales que
toutes les générations précédentes réunies**

fuerzas productivas más masivas y colosales que todas las
generaciones precedentes juntas

**Les forces de la nature sont soumises à la volonté de
l'homme et de ses machines**

Las fuerzas de la naturaleza están subyugadas a la voluntad
del hombre y su maquinaria

**La chimie s'applique à toutes les formes d'industrie et à tous
les types d'agriculture**

La química se aplica a todas las formas de industria y tipos de
agricultura

**la navigation à vapeur, les chemins de fer, les télégraphes
électriques et l'imprimerie**

la navegación a vapor, los ferrocarriles, los telégrafos eléctricos
y la imprenta

**défrichement de continents entiers pour la culture,
canalisation des rivières**

desbroce de continentes enteros para el cultivo, canalización
de ríos

**Des populations entières ont été extirpées du sol et mises au
travail**

Poblaciones enteras han sido sacadas de la tierra y puestas a
trabajar

**Quel siècle précédent avait ne serait-ce qu'un pressentiment
de ce qui pourrait être déchaîné ?**

¿Qué siglo anterior tuvo siquiera un presentimiento de lo que
podría desencadenarse?

**Qui aurait prédit que de telles forces productives
sommeillaient dans le giron du travail social ?**

¿Quién predijo que tales fuerzas productivas dormitaban en el
regazo del trabajo social?

**Nous voyons donc que les moyens de production et
d'échange ont été générés dans la société féodale**

Vemos, pues, que los medios de producción y de intercambio
se generaban en la sociedad feudal

**les moyens de production sur la base desquels la
bourgeoisie s'est construite**

los medios de producción sobre cuyos cimientos se construyó
la burguesía

**À un certain stade du développement de ces moyens de
production et d'échange**

En una determinada etapa del desarrollo de estos medios de
producción y de intercambio

**les conditions dans lesquelles la société féodale produisait et
échangeait**

las condiciones bajo las cuales la sociedad feudal producía e
intercambiaba

**L'organisation féodale de l'agriculture et de l'industrie
manufacturière**

La organización feudal de la agricultura y la industria
manufacturera

**Les rapports féodaux de propriété n'étaient plus compatibles
avec les conditions matérielles**

Las relaciones feudales de propiedad ya no eran compatibles
con las condiciones materiales

Ils devaient être brisés, alors ils ont été brisés

Tuvieron que ser reventados en pedazos, por lo que fueron reventados en pedazos

À leur place s'est ajoutée la libre concurrence des forces productives

En su lugar entró la libre competencia de las fuerzas productivas

et ils étaient accompagnés d'une constitution sociale et politique adaptée à celle-ci

y fueron acompañadas de una constitución social y política adaptada a ella

et elle s'accompagnait de l'emprise économique et politique de la classe bourgeoise

y fue acompañado por el dominio económico y político de la burguesía

Un mouvement similaire est en train de se produire sous nos yeux

Un movimiento similar está ocurriendo ante nuestros propios ojos

La société bourgeoise moderne avec ses rapports de production, d'échange et de propriété

La sociedad burguesa moderna con sus relaciones de producción, de intercambio y de propiedad

une société qui a inventé des moyens de production et d'échange aussi gigantesques

una sociedad que ha conjurado medios de producción y de intercambio tan gigantescos

C'est comme le sorcier qui a invoqué les puissances de l'au-delà

Es como el hechicero que invocó los poderes del mundo inferior

Mais il n'est plus capable de contrôler ce qu'il a mis au monde

Pero ya no es capaz de controlar lo que ha traído al mundo

Pendant de nombreuses décennies, l'histoire a été liée par un fil conducteur

Durante muchas décadas, la historia pasada estuvo unida por un hilo conductor

L'histoire de l'industrie et du commerce n'a été que l'histoire des révoltes

La historia de la industria y del comercio no ha sido más que la historia de las revueltas

Les révoltes des forces productives modernes contre les conditions modernes de production

las revueltas de las fuerzas productivas modernas contra las condiciones modernas de producción

Les révoltes des forces productives modernes contre les rapports de propriété

Las revueltas de las fuerzas productivas modernas contra las relaciones de propiedad

ces rapports de propriété sont les conditions de l'existence de la bourgeoisie

estas relaciones de propiedad son las condiciones para la existencia de la burguesía

et l'existence de la bourgeoisie détermine les règles des rapports de propriété

y la existencia de la burguesía determina las reglas de las relaciones de propiedad

Il suffit de mentionner le retour périodique des crises commerciales

Baste mencionar el retorno periódico de las crisis comerciales

chaque crise commerciale est plus menaçante pour la société bourgeoise que la précédente

cada crisis comercial es más amenazante para la sociedad burguesa que la anterior

Dans ces crises, une grande partie des produits existants sont détruits

En estas crisis se destruye gran parte de los productos existentes

Mais ces crises détruisent aussi les forces productives créées précédemment

Pero estas crisis también destruyen las fuerzas productivas
previamente creadas

**Dans toutes les époques antérieures, ces épidémies auraient
semblé une absurdité**

En todas las épocas anteriores, estas epidemias habrían
parecido un absurdo

**parce que ces épidémies sont les crises commerciales de la
surproduction**

porque estas epidemias son las crisis comerciales de la
sobreproducción

**La société se trouve soudain remise dans un état de barbarie
momentanée**

De repente, la sociedad se encuentra de nuevo en un estado de
barbarie momentánea

**comme si une guerre universelle de dévastation avait coupé
tous les moyens de subsistance**

como si una guerra universal de devastación hubiera cortado
todos los medios de subsistencia

**l'industrie et le commerce semblent avoir été détruits ; Et
pourquoi ?**

la industria y el comercio parecen haber sido destruidos; ¿Y
por qué?

**Parce qu'il y a trop de civilisation et de moyens de
subsistance**

Porque hay demasiada civilización y medios de subsistencia

et parce qu'il y a trop d'industrie et trop de commerce

y porque hay demasiada industria y demasiado comercio

**Les forces productives à la disposition de la société ne
développent plus la propriété bourgeoise**

Las fuerzas productivas a disposición de la sociedad ya no
desarrollan la propiedad burguesa

**au contraire, ils sont devenus trop puissants pour ces
conditions, par lesquelles ils sont enchaînés**

por el contrario, se han vuelto demasiado poderosos para estas
condiciones, por las cuales están encadenados

dès qu'ils surmontent ces entraves, ils mettent le désordre dans toute la société bourgeoise

tan pronto como superan estas cadenas, traen el desorden a toda la sociedad burguesa

et les forces productives mettent en danger l'existence de la propriété bourgeoise

y las fuerzas productivas ponen en peligro la existencia de la propiedad burguesa

Les conditions de la société bourgeoise sont trop étroites pour englober les richesses qu'elles créent

Las condiciones de la sociedad burguesa son demasiado estrechas para abarcar la riqueza creada por ellas

Et comment la bourgeoisie surmonte-t-elle ces crises ?

¿Y cómo supera la burguesía estas crisis?

D'une part, elle surmonte ces crises par la destruction forcée d'une masse de forces productives

Por un lado, supera estas crisis mediante la destrucción forzada de una masa de fuerzas productivas

D'autre part, elle surmonte ces crises par la conquête de nouveaux marchés

por otro lado, supera estas crisis mediante la conquista de nuevos mercados

et elle surmonte ces crises par l'exploitation plus poussée des anciennes forces productives

y supera estas crisis mediante la explotación más completa de las viejas fuerzas productivas

C'est-à-dire en ouvrant la voie à des crises plus étendues et plus destructrices

Es decir, allanando el camino para crisis más extensas y destructivas

elle surmonte la crise en diminuant les moyens de prévention des crises

supera la crisis disminuyendo los medios para prevenir las crisis

Les armes avec lesquelles la bourgeoisie a abattu le féodalisme sont maintenant retournées contre elle-même

Las armas con las que la burguesía derribó el feudalismo se vuelven ahora contra sí misma

Mais non seulement la bourgeoisie a-t-elle forgé les armes qui lui apportent la mort

Pero la burguesía no sólo ha forjado las armas que le dan la muerte

Il a également appelé à l'existence les hommes qui doivent manier ces armes

También ha llamado a la existencia a los hombres que han de empuñar esas armas

Et ces hommes sont la classe ouvrière moderne ; Ce sont les prolétaires

Y estos hombres son la clase obrera moderna; Son los proletarios

À mesure que la bourgeoisie se développe, le prolétariat se développe dans la même proportion

En la misma proporción en que se desarrolla la burguesía, en la misma proporción se desarrolla el proletariado

La classe ouvrière moderne a développé une classe d'ouvriers

La clase obrera moderna desarrolló una clase de trabajadores

Cette classe d'ouvriers ne vit que tant qu'elle trouve du travail

Esta clase de obreros vive sólo mientras encuentran trabajo

et ils ne trouvent de travail qu'aussi longtemps que leur travail augmente le capital

y sólo encuentran trabajo mientras su trabajo aumenta el capital

Ces ouvriers, qui doivent se vendre à la pièce, sont une marchandise

Estos obreros, que deben venderse a destajo, son una mercancía

Ces ouvriers sont comme tous les autres articles de commerce

Estos obreros son como cualquier otro artículo de comercio

et, par conséquent, ils sont exposés à toutes les vicissitudes de la concurrence

y, en consecuencia, están expuestos a todas las vicisitudes de la competencia

Ils doivent faire face à toutes les fluctuations du marché

Tienen que capear todas las fluctuaciones del mercado

En raison de l'utilisation intensive des machines et de la division du travail

Debido al uso extensivo de maquinaria y a la división del trabajo

Le travail des prolétaires a perdu tout caractère individuel

El trabajo de los proletarios ha perdido todo carácter individual

et, par conséquent, le travail des prolétaires a perdu tout charme pour l'ouvrier

y, en consecuencia, el trabajo de los proletarios ha perdido todo encanto para el obrero

Il devient un appendice de la machine, plutôt que l'homme qu'il était autrefois

Se convierte en un apéndice de la máquina, en lugar del hombre que una vez fue

On n'exige de lui que l'habileté la plus simple, la plus monotone et la plus facile à acquérir

Sólo se requiere de él la habilidad más simple, monótona y más fácil de adquirir

Par conséquent, le coût de production d'un ouvrier est limité

Por lo tanto, el costo de producción de un trabajador está restringido

elle se limite presque entièrement aux moyens de subsistance dont il a besoin pour son entretien

se restringe casi por completo a los medios de subsistencia que necesita para su manutención

et elle est limitée aux moyens de subsistance dont il a besoin pour la propagation de sa race

y se restringe a los medios de subsistencia que necesita para la propagación de su raza

Mais le prix d'une marchandise, et par conséquent aussi du travail, est égal à son coût de production

Pero el precio de una mercancía, y por lo tanto también del trabajo, es igual a su costo de producción

C'est pourquoi, à mesure que le travail répugnant augmente, le salaire diminue

Por lo tanto, a medida que aumenta la repulsividad del trabajo, disminuye el salario

Bien plus, le caractère répugnant de son travail augmente à un rythme encore plus grand

Es más, la repulsión de su obra aumenta a un ritmo aún mayor

À mesure que l'utilisation des machines et la division du travail augmentent, le fardeau du labeur augmente également

A medida que aumenta el uso de maquinaria y la división del trabajo, también lo hace la carga del trabajo

La charge de travail est augmentée par la prolongation du temps de travail

La carga del trabajo se incrementa con la prolongación de las horas de trabajo

On attend plus de l'ouvrier dans le même temps qu'auparavant

Se espera más del obrero en el mismo tiempo que antes

Et bien sûr, le poids du labeur est augmenté par la vitesse de la machine

Y, por supuesto, la carga del trabajo aumenta por la velocidad de la maquinaria

L'industrie moderne a transformé le petit atelier du maître patriarcal en la grande usine du capitaliste industriel

La industria moderna ha convertido el pequeño taller del amo patriarcal en la gran fábrica del capitalista industrial

Des masses d'ouvriers, entassés dans l'usine, s'organisent comme des soldats

Las masas de obreros, hacinados en la fábrica, están organizadas como soldados

En tant que simples soldats de l'armée industrielle, ils sont placés sous le commandement d'une hiérarchie parfaite d'officiers et de sergents

Como soldados rasos del ejército industrial están bajo el mando de una jerarquía perfecta de oficiales y sargentos

ils ne sont pas seulement les esclaves de la classe bourgeoise et de l'État

no sólo son esclavos de la burguesía y del Estado

Mais ils sont aussi asservis quotidiennement et d'heure en heure par la machine

pero también son esclavizados diariamente y cada hora por la máquina

ils sont asservis par le surveillant, et surtout par le fabricant bourgeois lui-même

están esclavizados por el vigilante y, sobre todo, por el propio fabricante burgués

Plus ce despotisme proclame ouvertement que le gain est sa fin et son but, plus il est mesquin, plus haïssable et plus aigri

Cuanto más abiertamente proclama este despotismo que la ganancia es su fin y su fin, tanto más mezquino, más odioso y más amargo es

Plus l'industrie moderne se développe, moins les différences entre les sexes sont grandes

Cuanto más se desarrolla la industria moderna, menores son las diferencias entre los sexos

Moins le travail manuel exige d'habileté et d'effort de force, plus le travail des hommes est supplanté par celui des femmes

Cuanto menor es la habilidad y el ejercicio de la fuerza implícitos en el trabajo manual, tanto más el trabajo de los hombres es reemplazado por el de las mujeres

Les différences d'âge et de sexe n'ont plus de validité sociale distincte pour la classe ouvrière

Las diferencias de edad y sexo ya no tienen ninguna validez social distintiva para la clase obrera

Tous sont des instruments de travail, plus ou moins coûteux à utiliser, selon leur âge et leur sexe

Todos son instrumentos de trabajo, más o menos costosos de usar, según su edad y sexo

dès que l'ouvrier reçoit son salaire en espèces, il est attaqué par les autres parties de la bourgeoisie

tan pronto como el obrero recibe su salario en efectivo, es atacado por las otras partes de la burguesía

le propriétaire, le commerçant, le prêteur sur gages, etc

el propietario, el tendero, el prestamista, etc

Les couches inférieures de la classe moyenne ; les petits commerçants et les commerçants

Los estratos más bajos de la clase media; los pequeños comerciantes y tenderos

les commerçants retraités en général, et les artisans et les paysans

los comerciantes jubilados en general, y los artesanos y campesinos

tout cela s'enfonce peu à peu dans le prolétariat

todo esto se hunde poco a poco en el proletariado

en partie parce que leur petit capital ne suffit pas à l'échelle sur laquelle l'industrie moderne est exercée

en parte porque su minúsculo capital no basta para la escala en que se desarrolla la industria moderna

et parce qu'elle est submergée par la concurrence avec les grands capitalistes

y porque está inundada en la competencia con los grandes capitalistas

en partie parce que leur savoir-faire spécialisé est rendu sans valeur par les nouvelles méthodes de production

en parte porque sus habilidades especializadas se vuelven inútiles por los nuevos métodos de producción

Ainsi le prolétariat se recrute dans toutes les classes de la population

De este modo, el proletariado es reclutado entre todas las clases de la población

Le prolétariat passe par différents stades de développement

El proletariado pasa por varias etapas de desarrollo

Avec sa naissance commence sa lutte contre la bourgeoisie

Con su nacimiento comienza su lucha con la burguesía

Dans un premier temps, la lutte est menée par des ouvriers individuels

Al principio, la contienda es llevada a cabo por trabajadores individuales

Ensuite, le concours est mené par les ouvriers d'une usine

Entonces el concurso es llevado a cabo por los obreros de una fábrica

Ensuite, la lutte est menée par les agents d'un métier, dans une localité

Entonces la contienda es llevada a cabo por los operarios de un oficio, en una localidad

et la lutte est alors contre la bourgeoisie individuelle qui les exploite directement

y la contienda es entonces contra la burguesía individual que los explota directamente

Ils ne dirigent pas leurs attaques contre les conditions de production de la bourgeoisie

No dirigen sus ataques contra las condiciones de producción de la burguesía

mais ils dirigent leur attaque contre les instruments de production eux-mêmes

pero dirigen su ataque contra los propios instrumentos de producción

Ils détruisent les marchandises importées qui font concurrence à leur main-d'œuvre

destruyen mercancías importadas que compiten con su mano de obra

Ils brisent les machines et mettent le feu aux usines

Hacen pedazos la maquinaria y prenden fuego a las fábricas

ils cherchent à restaurer par la force le statut disparu de l'ouvrier du Moyen Âge

tratan de restaurar por la fuerza el estado desaparecido del
obrero de la Edad Media

**À ce stade, les ouvriers forment encore une masse
incohérente dispersée dans tout le pays**

En esta etapa, los obreros forman todavía una masa
incoherente dispersa por todo el país

et ils sont brisés par leur concurrence mutuelle

y se rompen por su mutua competencia

**S'ils s'unissent quelque part pour former des corps plus
compacts, ce n'est pas encore la conséquence de leur propre
union active**

Si en alguna parte se unen para formar cuerpos más
compactos, esto no es todavía la consecuencia de su propia
unión activa

**mais c'est une conséquence de l'union de la bourgeoisie,
d'atteindre ses propres fins politiques**

pero es una consecuencia de la unión de la burguesía, para
alcanzar sus propios fines políticos

**la bourgeoisie est obligée de mettre en mouvement tout le
prolétariat**

la burguesía se ve obligada a poner en movimiento a todo el
proletariado

**et d'ailleurs, pour un temps, la bourgeoisie est capable de le
faire**

y además, por un momento, la burguesía es capaz de hacerlo

**À ce stade, les prolétaires ne combattent donc pas leurs
ennemis**

Por lo tanto, en esta etapa, los proletarios no luchan contra sus
enemigos

**mais au lieu de cela, ils combattent les ennemis de leurs
ennemis**

sino que están luchando contra los enemigos de sus enemigos

**La lutte contre les vestiges de la monarchie absolue et les
propriétaires terriens**

la lucha contra los restos de la monarquía absoluta y los
terratenientes

ils combattent la bourgeoisie non industrielle ; la petite bourgeoisie

luchan contra la burguesía no industrial; la pequeña burguesía

Ainsi tout le mouvement historique est concentré entre les mains de la bourgeoisie

De este modo, todo el movimiento histórico se concentra en manos de la burguesía

chaque victoire ainsi obtenue est une victoire pour la bourgeoisie

cada victoria así obtenida es una victoria para la burguesía

Mais avec le développement de l'industrie, le prolétariat ne se contente pas d'augmenter en nombre

Pero con el desarrollo de la industria, el proletariado no sólo aumenta en número

le prolétariat se concentre en masses plus grandes et sa force s'accroît

el proletariado se concentra en grandes masas y su fuerza crece

et le prolétariat ressent de plus en plus cette force

y el proletariado siente cada vez más esa fuerza

Les divers intérêts et conditions de vie dans les rangs du prolétariat sont de plus en plus égalisés

Los diversos intereses y condiciones de vida en las filas del proletariado se igualan cada vez más

elles deviennent plus proportionnelles à mesure que les machines effacent toutes les distinctions de travail

se vuelven más proporcionales a medida que la maquinaria borra todas las distinciones de trabajo

et les machines réduisent presque partout les salaires au même bas niveau

y la maquinaria reduce los salarios al mismo nivel bajo en casi todas partes

La concurrence croissante entre la bourgeoisie et les crises commerciales qui en résultent rendent les salaires des ouvriers de plus en plus fluctuants

La creciente competencia entre la burguesía, y las crisis comerciales resultantes, hacen que los salarios de los obreros sean cada vez más fluctuantes

L'amélioration incessante des machines, qui se développe de plus en plus rapidement, rend leurs moyens d'existence de plus en plus précaires

La mejora incesante de la maquinaria, que se desarrolla cada vez más rápidamente, hace que sus medios de vida sean cada vez más precarios

les collisions entre les ouvriers individuels et la bourgeoisie individuelle prennent de plus en plus le caractère de collisions entre deux classes

los choques entre obreros individuales y burgueses individuales toman cada vez más el carácter de choques entre dos clases

Là-dessus, les ouvriers commencent à former des associations (syndicats) contre la bourgeoisie

A partir de ese momento, los obreros comienzan a formar uniones (sindicatos) contra la burguesía

Ils s'associent pour maintenir le taux des salaires

se agrupan para mantener el ritmo de los salarios

Ils fondèrent des associations permanentes afin de pourvoir à l'avance à ces révoltes occasionnelles

Fundaron asociaciones permanentes para hacer frente de antemano a estas revueltas ocasionales

Ici et là, la lutte éclate en émeutes

Aquí y allá la contienda estalla en disturbios

De temps en temps, les ouvriers sont victorieux, mais seulement pour un temps

De vez en cuando los obreros salen victoriosos, pero sólo por un tiempo

Le vrai fruit de leurs luttes n'est pas dans le résultat immédiat, mais dans l'union toujours plus grande des travailleurs

El verdadero fruto de sus batallas no reside en el resultado inmediato, sino en la unión cada vez mayor de los trabajadores

Cette union est favorisée par les moyens de communication améliorés créés par l'industrie moderne

Esta unión se ve favorecida por la mejora de los medios de comunicación creados por la industria moderna

La communication moderne met en contact les travailleurs de différentes localités les uns avec les autres

La comunicación moderna pone en contacto a los trabajadores de diferentes localidades

C'était précisément ce contact qui était nécessaire pour centraliser les nombreuses luttes locales en une lutte nationale entre les classes

Era precisamente este contacto el que se necesitaba para centralizar las numerosas luchas locales en una lucha nacional entre clases

Toutes ces luttes sont du même caractère, et toute lutte de classe est une lutte politique

Todas estas luchas tienen el mismo carácter, y toda lucha de clases es una lucha política

les bourgeois du moyen âge, avec leurs misérables routes, mettaient des siècles à former leurs syndicats

los burgueses de la Edad Media, con sus miserables carreteras, necesitaron siglos para formar sus uniones

Les prolétaires modernes, grâce aux chemins de fer, réalisent leurs syndicats en quelques années

Los proletarios modernos, gracias a los ferrocarriles, logran sus sindicatos en pocos años

Cette organisation des prolétaires en classe les a donc formés en parti politique

Esta organización de los proletarios en una clase los formó, por consiguiente, en un partido político

La classe politique est continuellement bouleversée par la concurrence entre les travailleurs eux-mêmes

La clase política se ve continuamente molesta por la competencia entre los propios trabajadores

Mais la classe politique continue de se soulever, plus forte, plus ferme, plus puissante

Pero la clase política sigue levantándose de nuevo, más fuerte, más firme, más poderosa

Elle oblige la législation à reconnaître les intérêts particuliers des travailleurs

Obliga al reconocimiento legislativo de los intereses particulares de los trabajadores

il le fait en profitant des divisions au sein de la bourgeoisie elle-même

lo hace aprovechándose de las divisiones en el seno de la propia burguesía

C'est ainsi qu'en Angleterre fut promulguée la loi sur les dix heures

De este modo, el proyecto de ley de las diez horas en Inglaterra se convirtió en ley

à bien des égards, les collisions entre les classes de l'ancienne société sont en outre le cours du développement du prolétariat

en muchos sentidos, las colisiones entre las clases de la vieja sociedad son, además, el curso del desarrollo del proletariado

La bourgeoisie se trouve engagée dans une bataille de tous les instants

La burguesía se ve envuelta en una batalla constante

Dans un premier temps, il se trouvera impliqué dans une bataille constante avec l'aristocratie

Al principio se verá envuelto en una batalla constante con la aristocracia

plus tard, elle se trouvera engagée dans une lutte constante avec ces parties de la bourgeoisie elle-même

más tarde se verá envuelta en una batalla constante con esas partes de la propia burguesía

et leurs intérêts seront devenus antagonistes au progrès de l'industrie

y sus intereses se habrán vuelto antagónicos al progreso de la industria

à tout moment, leurs intérêts seront devenus antagonistes avec la bourgeoisie des pays étrangers

en todo momento, sus intereses se habrán vuelto antagónicos con la burguesía de los países extranjeros

Dans toutes ces batailles, elle se voit obligée de faire appel au prolétariat et lui demande son aide

En todas estas batallas se ve obligado a apelar al proletariado y pide su ayuda

Et ainsi, il se sentira obligé de l'entraîner dans l'arène politique

y, por lo tanto, se sentirá obligado a arrastrarlo a la arena política

C'est pourquoi la bourgeoisie elle-même fournit au prolétariat ses propres instruments d'éducation politique et générale

La burguesía misma, por lo tanto, suministra al proletariado sus propios instrumentos de educación política y general

c'est-à-dire qu'il fournit au prolétariat des armes pour combattre la bourgeoisie

en otras palabras, suministra al proletariado armas para luchar contra la burguesía

De plus, comme nous l'avons déjà vu, des sections entières des classes dominantes sont précipitées dans le prolétariat

Además, como ya hemos visto, sectores enteros de las clases dominantes se precipitan en el proletariado

le progrès de l'industrie les aspire dans le prolétariat

el avance de la industria los absorbe en el proletariado

ou, du moins, ils sont menacés dans leurs conditions d'existence

o, al menos, están amenazados en sus condiciones de existencia

Ceux-ci fournissent également au prolétariat de nouveaux éléments d'illumination et de progrès

Estos también suministran al proletariado nuevos elementos de ilustración y progreso

Enfin, à l'approche de l'heure décisive de la lutte des classes

Finalmente, en momentos en que la lucha de clases se acerca a la hora decisiva

le processus de dissolution en cours au sein de la classe dirigeante

el proceso de disolución que se está llevando a cabo en el seno de la clase dominante

En fait, la dissolution en cours au sein de la classe dirigeante se fera sentir dans toute la société

De hecho, la disolución que se está produciendo en el seno de la clase dominante se sentirá en toda la sociedad

Il prendra un caractère si violent et si flagrant qu'une petite partie de la classe dirigeante se laissera aller à la dérive

Tomará un carácter tan violento y deslumbrante, que un pequeño sector de la clase dominante se quedará a la deriva

et que la classe dirigeante rejoindra la classe révolutionnaire

y esa clase dominante se unirá a la clase revolucionaria

La classe révolutionnaire étant la classe qui tient l'avenir entre ses mains

La clase revolucionaria es la clase que tiene el futuro en sus manos

Comme à une époque antérieure, une partie de la noblesse passa dans la bourgeoisie

Al igual que en un período anterior, una parte de la nobleza se pasó a la burguesía

de la même manière qu'une partie de la bourgeoisie passera au prolétariat

de la misma manera que una parte de la burguesía se pasará al proletariado

en particulier, une partie de la bourgeoisie passera à une partie des idéologues de la bourgeoisie

en particular, una parte de la burguesía pasará a una parte de los ideólogos de la burguesía

Des idéologues bourgeois qui se sont élevés au niveau de la compréhension théorique du mouvement historique dans son ensemble

Ideólogos burgueses que se han elevado al nivel de comprender teóricamente el movimiento histórico en su conjunto

De toutes les classes qui se trouvent aujourd'hui en face de la bourgeoisie, seule le prolétariat est une classe vraiment révolutionnaire

De todas las clases que hoy se encuentran frente a frente con la burguesía, sólo el proletariado es una clase realmente revolucionaria

Les autres classes se dégradent et finissent par disparaître devant l'industrie moderne

Las otras clases decaen y finalmente desaparecen frente a la industria moderna

le prolétariat est son produit spécial et essentiel

el proletariado es su producto especial y esencial

La petite bourgeoisie, le petit industriel, le commerçant, l'artisan, le paysan

La clase media baja, el pequeño fabricante, el tendero, el artesano, el campesino

toutes ces luttes contre la bourgeoisie

todos ellos luchan contra la burguesía

Ils se battent en tant que fractions de la classe moyenne pour se sauver de l'extinction

Luchan como fracciones de la clase media para salvarse de la extinción

Ils ne sont donc pas révolutionnaires, mais conservateurs

Por lo tanto, no son revolucionarios, sino conservadores

Bien plus, ils sont réactionnaires, car ils essaient de faire reculer la roue de l'histoire

Más aún, son reaccionarios, porque tratan de hacer retroceder la rueda de la historia

Si par hasard ils sont révolutionnaires, ils ne le sont qu'en vue de leur transfert imminent dans le prolétariat

Si por casualidad son revolucionarios, lo son sólo en vista de su inminente transferencia al proletariado

Ils défendent ainsi non pas leurs intérêts présents, mais leurs intérêts futurs

Por lo tanto, no defienden sus intereses presentes, sino sus intereses futuros

ils désertent leur propre point de vue pour se placer à celui du prolétariat

abandonan su propio punto de vista para situarse en el del proletariado

La « classe dangereuse », la racaille sociale, cette masse en décomposition passive rejetée par les couches les plus basses de la vieille société

La "clase peligrosa", la escoria social, esa masa pasivamente putrefacta arrojada por las capas más bajas de la vieja sociedad

Ils peuvent, ici et là, être entraînés dans le mouvement par une révolution prolétarienne

pueden, aquí y allá, ser arrastrados al movimiento por una revolución proletaria

Ses conditions de vie, cependant, le préparent beaucoup plus au rôle d'instrument soudoyé de l'intrigue réactionnaire

Sus condiciones de vida, sin embargo, la preparan mucho más para el papel de un instrumento sobornado de la intriga reaccionaria

Dans les conditions du prolétariat, ceux de l'ancienne société dans son ensemble sont déjà virtuellement submergés

En las condiciones del proletariado, los de la vieja sociedad en general están ya virtualmente desbordados

Le prolétaire est sans propriété

El proletario carece de propiedad

ses rapports avec sa femme et ses enfants n'ont plus rien de commun avec les relations familiales de la bourgeoisie

su relación con su mujer y sus hijos ya no tiene nada en común con las relaciones familiares de la burguesía

le travail industriel moderne, la sujétion moderne au capital, la même en Angleterre qu'en France, en Amérique comme en Allemagne

el trabajo industrial moderno, el sometimiento moderno al capital, lo mismo en Inglaterra que en Francia, en Estados Unidos como en Alemania

Sa condition dans la société l'a dépouillé de toute trace de caractère national

Su condición en la sociedad lo ha despojado de todo rastro de carácter nacional

La loi, la morale, la religion, sont pour lui autant de préjugés bourgeois

El derecho, la moral, la religión, son para él otros tantos prejuicios burgueses

et derrière ces préjugés se cachent en embuscade autant d'intérêts bourgeois

y detrás de estos prejuicios acechan emboscados otros tantos intereses burgueses

Toutes les classes précédentes, qui ont pris le dessus, ont cherché à fortifier leur statut déjà acquis

Todas las clases precedentes que se impusieron trataron de fortalecer su estatus ya adquirido

Ils l'ont fait en soumettant la société dans son ensemble à leurs conditions d'appropriation

Lo hicieron sometiendo a la sociedad en general a sus condiciones de apropiación

Les prolétaires ne peuvent pas devenir maîtres des forces productives de la société

Los proletarios no pueden llegar a ser dueños de las fuerzas productivas de la sociedad

elle ne peut le faire qu'en abolissant son propre mode d'appropriation antérieur

sólo puede hacerlo aboliendo su propio modo anterior de apropiación

et par là même elle abolit tout autre mode d'appropriation antérieur

y, por lo tanto, también suprime cualquier otro modo anterior de apropiación

Ils n'ont rien à eux pour s'assurer et se fortifier

No tienen nada propio que asegurar y fortificar

Leur mission est de détruire toutes les sûretés antérieures et les assurances de biens individuels

Su misión es destruir todos los valores y seguros anteriores de la propiedad individual

Tous les mouvements historiques antérieurs étaient des mouvements de minorités

Todos los movimientos históricos anteriores fueron movimientos de minorías

ou bien il s'agissait de mouvements dans l'intérêt des minorités

o eran movimientos en interés de las minorías

Le mouvement prolétarien est le mouvement conscient et indépendant de l'immense majorité

El movimiento proletario es el movimiento consciente e independiente de la inmensa mayoría

Et c'est un mouvement dans l'intérêt de l'immense majorité

Y es un movimiento en interés de la inmensa mayoría

Le prolétariat, couche la plus basse de notre société actuelle

El proletariado, el estrato más bajo de nuestra sociedad actual

elle ne peut ni s'agiter ni s'élever sans que toutes les couches supérieures de la société officielle ne soient soulevées en l'air

no puede agitarse ni elevarse sin que todos los estratos superiores de la sociedad oficial salgan al aire

Loin d'être dans le fond, mais dans la forme, la lutte du prolétariat contre la bourgeoisie est d'abord une lutte nationale

Aunque no en el fondo, sí en la forma, la lucha del proletariado con la burguesía es, al principio, una lucha nacional

Le prolétariat de chaque pays doit, bien entendu, régler d'abord ses affaires avec sa propre bourgeoisie

El proletariado de cada país debe, por supuesto, en primer lugar arreglar las cosas con su propia burguesía

En décrivant les phases les plus générales du développement du prolétariat, nous avons retracé la guerre civile plus ou moins voilée

Al describir las fases más generales del desarrollo del proletariado, hemos trazado la guerra civil más o menos velada

Ce civil fait rage au sein de la société existante

Este civil está haciendo estragos dentro de la sociedad existente

Elle fera rage jusqu'au point où cette guerre éclatera en révolution ouverte

Se enfurecerá hasta el punto en que esa guerra estalle en una revolución abierta

et alors le renversement violent de la bourgeoisie jette les bases de l'emprise du prolétariat

y luego el derrocamiento violento de la burguesía sienta las bases para el dominio del proletariado

Jusqu'à présent, toute forme de société a été fondée, comme nous l'avons déjà vu, sur l'antagonisme des classes oppressives et opprimées

Hasta ahora, todas las formas de sociedad se han basado, como ya hemos visto, en el antagonismo de las clases opresoras y oprimidas

Mais pour opprimer une classe, il faut lui assurer certaines conditions

Pero para oprimir a una clase, hay que asegurarle ciertas condiciones

La classe doit être maintenue dans des conditions dans lesquelles elle peut, au moins, continuer son existence servile

La clase debe ser mantenida en condiciones en las que pueda, por lo menos, continuar su existencia servil

Le serf, à l'époque du servage, s'élevait lui-même au rang d'adhérent à la commune

El siervo, en el período de la servidumbre, se elevaba a la comuna

de même que la petite bourgeoisie, sous le joug de l'absolutisme féodal, a réussi à se développer en bourgeoisie

del mismo modo que la pequeña burguesía, bajo el yugo del absolutismo feudal, logró convertirse en burguesía

L'ouvrier moderne, au contraire, au lieu de s'élever avec les progrès de l'industrie, s'enfonce de plus en plus profondément

El obrero moderno, por el contrario, en lugar de elevarse con el progreso de la industria, se hunde cada vez más

il s'enfonce au-dessous des conditions d'existence de sa propre classe

se hunde por debajo de las condiciones de existencia de su propia clase

Il devient pauvre, et le paupérisme se développe plus rapidement que la population et la richesse

Se convierte en un indigente, y el pauperismo se desarrolla más rápidamente que la población y la riqueza

Et c'est là qu'il devient évident que la bourgeoisie n'est plus apte à être la classe dominante dans la société

Y aquí se hace evidente que la burguesía ya no es apta para ser la clase dominante de la sociedad

et elle n'est pas digne d'imposer ses conditions d'existence à la société comme une loi prépondérante

y no es apta para imponer sus condiciones de existencia a la sociedad como una ley imperativa

Il est inapte à gouverner parce qu'il est incompétent pour assurer une existence à son esclave dans son esclavage

Es incapaz de gobernar porque es incapaz de·asegurar una existencia a su esclavo dentro de su esclavitud

parce qu'il ne peut s'empêcher de le laisser sombrer dans un tel état, qu'il doit le nourrir, au lieu d'être nourri par lui

porque no puede evitar dejarlo hundirse en tal estado, que tiene que alimentarlo, en lugar de ser alimentado por él

La société ne peut plus vivre sous cette bourgeoisie

La sociedad ya no puede vivir bajo esta burguesía

En d'autres termes, son existence n'est plus compatible avec la société

En otras palabras, su existencia ya no es compatible con la sociedad

La condition essentielle de l'existence et de l'influence de la classe bourgeoise est la formation et l'accroissement du capital

La condición esencial para la existencia y el dominio de la burguesía es la formación y el aumento del capital

La condition du capital, c'est le salariat-travail

La condición del capital es el trabajo asalariado

Le travail salarié repose exclusivement sur la concurrence entre les travailleurs

El trabajo asalariado se basa exclusivamente en la competencia entre los trabajadores

Le progrès de l'industrie, dont le promoteur involontaire est la bourgeoisie, remplace l'isolement des ouvriers

El avance de la industria, cuyo promotor involuntario es la burguesía, sustituye al aislamiento de los obreros

en raison de la concurrence, en raison de leur combinaison révolutionnaire, en raison de l'association

por la competencia, por su combinación revolucionaria, por la asociación

Le développement de l'industrie moderne lui coupe sous les pieds les fondements mêmes sur lesquels la bourgeoisie produit et s'approprie les produits

El desarrollo de la industria moderna corta bajo sus pies los cimientos mismos sobre los cuales la burguesía produce y se apropia de los productos

Ce que la bourgeoisie produit avant tout, ce sont ses propres fossoyeurs

Lo que la burguesía produce, sobre todo, son sus propios sepultureros

La chute de la bourgeoisie et la victoire du prolétariat sont également inévitables

La caída de la burguesía y la victoria del proletariado son
igualmente inevitables

Prolétaires et communistes
Proletarios y comunistas

**Quel est le rapport des communistes vis-à-vis de l'ensemble
des prolétaires ?**
¿Qué relación tienen los comunistas con el conjunto de los
proletarios?
**Les communistes ne forment pas un parti séparé opposé aux
autres partis de la classe ouvrière**
Los comunistas no forman un partido separado opuesto a
otros partidos de la clase obrera
**Ils n'ont pas d'intérêts séparés de ceux du prolétariat dans
son ensemble**
No tienen intereses separados y aparte de los del proletariado
en su conjunto
**Ils n'établissent pas de principes sectaires qui leur soient
propres pour façonner et modeler le mouvement prolétarien**
No establecen ningún principio sectario propio, con el cual dar
forma y moldear el movimiento proletario
**Les communistes ne se distinguent des autres partis ouvriers
que par deux choses**
Los comunistas se distinguen de los demás partidos obreros
sólo por dos cosas
**Premièrement, ils signalent et mettent en avant les intérêts
communs de l'ensemble du prolétariat, indépendamment de
toute nationalité**
En primer lugar, señalan y ponen en primer plano los
intereses comunes de todo el proletariado,
independientemente de toda nacionalidad
**C'est ce qu'ils font dans les luttes nationales des prolétaires
des différents pays**

Esto lo hacen en las luchas nacionales de los proletarios de los diferentes países

Deuxièmement, ils représentent toujours et partout les intérêts du mouvement dans son ensemble

En segundo lugar, siempre y en todas partes representan los intereses del movimiento en su conjunto

c'est ce qu'ils font dans les différents stades de développement par lesquels doit passer la lutte de la classe ouvrière contre la bourgeoisie

esto lo hacen en las diversas etapas de desarrollo por las que tiene que pasar la lucha de la clase obrera contra la burguesía

Les communistes sont donc, d'une part, pratiquement, la section la plus avancée et la plus résolue des partis ouvriers de tous les pays

Los comunistas son, por lo tanto, por una parte, prácticamente, el sector más avanzado y resuelto de los partidos obreros de todos los países

Ils sont cette section de la classe ouvrière qui pousse en avant toutes les autres

Son ese sector de la clase obrera que empuja hacia adelante a todos los demás

Théoriquement, ils ont aussi l'avantage de bien comprendre la ligne de marche

Teóricamente, también tienen la ventaja de entender claramente la línea de marcha

C'est ce qu'ils comprennent mieux par rapport à la grande masse du prolétariat

Esto lo comprenden mejor comparado con la gran masa del proletariado

Ils comprennent les conditions et les résultats généraux ultimes du mouvement prolétarien

Comprenden las condiciones y los resultados generales finales del movimiento proletario

Le but immédiat du Parti communiste est le même que celui de tous les autres partis prolétariens

El objetivo inmediato del comunista es el mismo que el de
todos los demás partidos proletarios
Leur but est la formation du prolétariat en classe
Su objetivo es la formación del proletariado en una clase
ils visent à renverser la suprématie de la bourgeoisie
su objetivo es derrocar la supremacía burguesa
la conquête du pouvoir politique par le prolétariat
la lucha por la conquista del poder político por el proletariado
**Les conclusions théoriques des communistes ne sont
nullement basées sur des idées ou des principes de
réformateurs**
Las conclusiones teóricas de los comunistas no se basan en
modo alguno en ideas o principios de reformadores
**ce ne sont pas des prétendus réformateurs universels qui ont
inventé ou découvert les conclusions théoriques des
communistes**
no fueron los aspirantes a reformadores universales los que
inventaron o descubrieron las conclusiones teóricas de los
comunistas
**Ils ne font qu'exprimer, en termes généraux, des rapports
réels qui naissent d'une lutte de classe existante**
Se limitan a expresar, en términos generales, las relaciones
reales que surgen de una lucha de clases existente
**Et ils décrivent le mouvement historique qui se déroule sous
nos yeux et qui a créé cette lutte des classes**
Y describen el movimiento histórico que está ocurriendo ante
nuestros propios ojos y que ha creado esta lucha de clases
**L'abolition des rapports de propriété existants n'est pas du
tout un trait distinctif du communisme**
La abolición de las relaciones de propiedad existentes no es en
absoluto un rasgo distintivo del comunismo
**Dans le passé, toutes les relations de propriété ont été
continuellement sujettes à des changements historiques**
Todas las relaciones de propiedad en el pasado han estado
continuamente sujetas a cambios históricos

et ces changements ont été consécutifs au changement des conditions historiques

y estos cambios fueron consecuencia del cambio en las condiciones históricas

La Révolution française, par exemple, a aboli la propriété féodale au profit de la propriété bourgeoise

La Revolución Francesa, por ejemplo, abolió la propiedad feudal en favor de la propiedad burguesa

Le trait distinctif du communisme n'est pas l'abolition de la propriété, en général

El rasgo distintivo del comunismo no es la abolición de la propiedad, en general

mais le trait distinctif du communisme, c'est l'abolition de la propriété bourgeoise

pero el rasgo distintivo del comunismo es la abolición de la propiedad burguesa

Mais la propriété privée de la bourgeoisie moderne est l'expression ultime et la plus complète du système de production et d'appropriation des produits

Pero la propiedad privada de la burguesía moderna es la expresión última y más completa del sistema de producción y apropiación de productos

C'est l'état final d'un système basé sur les antagonismes de classe, où l'antagonisme de classe est l'exploitation du plus grand nombre par quelques-uns

Es el estado final de un sistema que se basa en los antagonismos de clase, donde el antagonismo de clase es la explotación de la mayoría por unos pocos

En ce sens, la théorie des communistes peut se résumer en une seule phrase ; l'abolition de la propriété privée

En este sentido, la teoría de los comunistas puede resumirse en una sola frase; la abolición de la propiedad privada

On nous a reproché, à nous communistes, de vouloir abolir le droit d'acquérir personnellement des biens

A los comunistas se nos ha reprochado el deseo de abolir el derecho de adquirir personalmente la propiedad

On prétend que cette propriété est le fruit du travail de l'homme

Se afirma que esta propiedad es el fruto del propio trabajo de un hombre

et cette propriété est censée être le fondement de toute liberté, de toute activité et de toute indépendance individuelles.

y se alega que esta propiedad es la base de toda libertad, actividad e independencia personal.

« Propriété durement gagnée, auto-acquise, auto-gagnée ! »

"¡Propiedad ganada con esfuerzo, adquirida por uno mismo, ganada por uno mismo!"

Voulez-vous dire la propriété du petit artisan et du petit paysan ?

¿Te refieres a la propiedad del pequeño artesano y del pequeño campesino?

Voulez-vous parler d'une forme de propriété qui a précédé la forme bourgeoise ?

¿Te refieres a una forma de propiedad que precedió a la forma burguesa?

Il n'est pas nécessaire de l'abolir, le développement de l'industrie l'a déjà détruit dans une large mesure

No hay necesidad de abolir eso, el desarrollo de la industria ya lo ha destruido en gran medida

et le développement de l'industrie continue de la détruire chaque jour

y el desarrollo de la industria sigue destruyéndola diariamente

Ou voulez-vous parler de la propriété privée de la bourgeoisie moderne ?

¿O te refieres a la propiedad privada de la burguesía moderna?

Mais le travail salarié crée-t-il une propriété pour l'ouvrier ?

Pero, ¿crea el trabajo asalariado alguna propiedad para el trabajador?

Non, le travail salarié ne crée pas une parcelle de ce genre de propriété !

¡No, el trabajo asalariado no crea ni una pizca de este tipo de propiedad!

Ce que le travail salarié crée, c'est du capital ; ce genre de propriété qui exploite le travail salarié

Lo que sí crea el trabajo asalariado es capital; ese tipo de propiedad que explota el trabajo asalariado

Le capital ne peut s'accroître qu'à la condition d'engendrer une nouvelle offre de travail salarié pour une nouvelle exploitation

El capital no puede aumentar sino a condición de engendrar una nueva oferta de trabajo asalariado para una nueva explotación

La propriété, dans sa forme actuelle, est fondée sur l'antagonisme du capital et du salariat

La propiedad, en su forma actual, se basa en el antagonismo entre el capital y el trabajo asalariado

Examinons les deux côtés de cet antagonisme

Examinemos los dos lados de este antagonismo

Être capitaliste, ce n'est pas seulement avoir un statut purement personnel

Ser capitalista es tener no sólo un estatus puramente personal

Au contraire, être capitaliste, c'est aussi avoir un statut social dans la production

En cambio, ser capitalista es también tener un estatus social en la producción

parce que le capital est un produit collectif ; Ce n'est que par l'action unie de nombreux membres qu'elle peut être mise en branle

porque el capital es un producto colectivo; Sólo mediante la acción unida de muchos miembros puede ponerse en marcha

Mais cette action unie n'est qu'un dernier recours, et nécessite en fait tous les membres de la société

Pero esta acción unida es el último recurso, y en realidad requiere de todos los miembros de la sociedad

Le capital est converti en propriété de tous les membres de la société

El capital se convierte en propiedad de todos los miembros de la sociedad

mais le Capital n'est donc pas une puissance personnelle ; c'est un pouvoir social

pero el Capital no es, por lo tanto, un poder personal; Es un poder social

Ainsi, lorsque le capital est converti en propriété sociale, la propriété personnelle n'est pas pour autant transformée en propriété sociale

Así, cuando el capital se convierte en propiedad social, la propiedad personal no se transforma en propiedad social

Ce n'est que le caractère social de la propriété qui est modifié et qui perd son caractère de classe

Lo único que cambia es el carácter social de la propiedad y pierde su carácter de clase

Regardons maintenant le travail salarié

Veamos ahora el trabajo asalariado

Le prix moyen du salariat est le salaire minimum, c'est-à-dire le quantum des moyens de subsistance

El precio medio del trabajo asalariado es el salario mínimo, es decir, la cantidad de medios de subsistencia

Ce salaire est absolument nécessaire dans la simple existence d'un ouvrier

Este salario es absolutamente necesario en la mera existencia de un obrero

Ce que le salarié s'approprie par son travail ne suffit donc qu'à prolonger et à reproduire une existence nue

Por lo tanto, lo que el asalariado se apropia por medio de su trabajo, sólo basta para prolongar y reproducir una existencia desnuda

Nous n'avons nullement l'intention d'abolir cette appropriation personnelle des produits du travail

De ninguna manera pretendemos abolir esta apropiación personal de los productos del trabajo

une appropriation qui est faite pour le maintien et la reproduction de la vie humaine

una apropiación que se hace para el mantenimiento y la reproducción de la vida humana

Une telle appropriation personnelle des produits du travail ne laisse pas de surplus pour commander le travail d'autrui

Tal apropiación personal de los productos del trabajo no deja ningún excedente con el que ordenar el trabajo de otros

Tout ce que nous voulons supprimer, c'est le caractère misérable de cette appropriation

Lo único que queremos eliminar es el carácter miserable de esta apropiación

l'appropriation dont vit l'ouvrier dans le seul but d'augmenter son capital

la apropiación bajo la cual vive el obrero sólo para aumentar el capital

Il n'est autorisé à vivre que dans la mesure où l'intérêt de la classe dominante l'exige

Sólo se le permite vivir en la medida en que lo exija el interés de la clase dominante

Dans la société bourgeoise, le travail vivant n'est qu'un moyen d'augmenter le travail accumulé

En la sociedad burguesa, el trabajo vivo no es más que un medio para aumentar el trabajo acumulado

Dans la société communiste, le travail accumulé n'est qu'un moyen d'élargir, d'enrichir, de promouvoir l'existence de l'ouvrier

En la sociedad comunista, el trabajo acumulado no es más que un medio para ampliar, para enriquecer y para promover la existencia del obrero

C'est pourquoi, dans la société bourgeoise, le passé domine le présent

En la sociedad burguesa, por lo tanto, el pasado domina al presente

dans la société communiste, le présent domine le passé

en la sociedad comunista el presente domina al pasado

Dans la société bourgeoise, le capital est indépendant et a une individualité

En la sociedad burguesa el capital es independiente y tiene individualidad

Dans la société bourgeoise, la personne vivante est dépendante et n'a pas d'individualité

En la sociedad burguesa la persona viva es dependiente y no tiene individualidad

Et l'abolition de cet état de choses est appelée par la bourgeoisie l'abolition de l'individualité et de la liberté !

¡Y la abolición de este estado de cosas es llamada por la burguesía, abolición de la individualidad y de la libertad!

Et c'est à juste titre qu'on l'appelle l'abolition de l'individualité et de la liberté !

¡Y con razón se llama la abolición de la individualidad y de la libertad!

Le communisme vise à l'abolition de l'individualité bourgeoise

El comunismo aspira a la abolición de la individualidad burguesa

Le communisme veut l'abolition de l'indépendance de la bourgeoisie

El comunismo pretende la abolición de la independencia burguesa

La liberté de la bourgeoisie est sans aucun doute ce que vise le communisme

La libertad burguesa es, sin duda, a lo que aspira el comunismo

dans les conditions actuelles de production de la bourgeoisie, la liberté signifie le libre-échange, la liberté de vendre et d'acheter

en las actuales condiciones de producción de la burguesía, la libertad significa libre comercio, libre venta y compra

Mais si la vente et l'achat disparaissent, la vente et l'achat gratuits disparaissent également

Pero si desaparece la venta y la compra, también desaparece la libre venta y la compra

Les « paroles courageuses » de la bourgeoisie sur la vente et l'achat libres n'ont qu'un sens limité

Las "palabras valientes" de la burguesía sobre la libre venta y compra sólo tienen sentido en un sentido limitado

Ces mots n'ont de sens que par opposition à la vente et à l'achat restreints

Estas palabras tienen significado solo en contraste con la venta y la compra restringidas

et ces mots n'ont de sens que lorsqu'ils s'appliquent aux marchands enchaînés du moyen âge

y estas palabras sólo tienen sentido cuando se aplican a los comerciantes encadenados de la Edad Media

et cela suppose que ces mots aient même un sens dans un sens bourgeois

y eso supone que estas palabras incluso tienen un significado en un sentido burgués

mais ces mots n'ont aucun sens lorsqu'ils sont utilisés pour s'opposer à l'abolition communiste de l'achat et de la vente

pero estas palabras no tienen ningún significado cuando se usan para oponerse a la abolición comunista de la compra y venta

les mots n'ont pas de sens lorsqu'ils sont utilisés pour s'opposer à l'abolition des conditions de production de la bourgeoisie

las palabras no tienen sentido cuando se usan para oponerse a la abolición de las condiciones de producción de la burguesía

et ils n'ont aucun sens lorsqu'ils sont utilisés pour s'opposer à l'abolition de la bourgeoisie elle-même

y no tienen ningún sentido cuando se utilizan para oponerse a la abolición de la propia burguesía

Vous êtes horrifiés par notre intention d'en finir avec la propriété privée

Ustedes están horrorizados de nuestra intención de acabar con la propiedad privada

Mais dans votre société actuelle, la propriété privée est déjà abolie pour les neuf dixièmes de la population

Pero en la sociedad actual, la propiedad privada ya ha sido eliminada para las nueve décimas partes de la población

L'existence d'une propriété privée pour quelques-uns est uniquement due à sa non-existence entre les mains des neuf dixièmes de la population

La existencia de la propiedad privada para unos pocos se debe únicamente a su inexistencia en manos de las nueve décimas partes de la población

Vous nous reprochez donc d'avoir l'intention de supprimer une forme de propriété

Por lo tanto, nos reprochas que pretendamos acabar con una forma de propiedad

Mais la propriété privée nécessite l'inexistence de toute propriété pour l'immense majorité de la société

Pero la propiedad privada requiere la inexistencia de propiedad alguna para la inmensa mayoría de la sociedad

En un mot, vous nous reprochez d'avoir l'intention de vous débarrasser de vos biens

En una palabra, nos reprochas que pretendamos acabar con tu propiedad

Et c'est précisément le cas ; se débarrasser de votre propriété est exactement ce que nous avons l'intention de faire

Y es precisamente así; prescindir de su propiedad es justo lo que pretendemos

À partir du moment où le travail ne peut plus être converti en capital, en argent ou en rente

Desde el momento en que el trabajo ya no puede convertirse en capital, dinero o renta

quand le travail ne peut plus être converti en un pouvoir social monopolisé

cuando el trabajo ya no puede convertirse en un poder social capaz de ser monopolizado

à partir du moment où la propriété individuelle ne peut plus être transformée en propriété bourgeoise

desde el momento en que la propiedad individual ya no puede transformarse en propiedad burguesa

à partir du moment où la propriété individuelle ne peut plus être transformée en capital

desde el momento en que la propiedad individual ya no puede transformarse en capital

À partir de ce moment-là, vous dites que l'individualité s'évanouit

A partir de ese momento, dices que la individualidad se desvanece

Vous devez donc avouer que par « individu » vous n'entendez personne d'autre que la bourgeoisie

Debéis confesar, pues, que por "individuo" no os referimos a otra persona que a la burguesía

Vous devez avouer qu'il s'agit spécifiquement du propriétaire de la classe moyenne

Debes confesar que se refiere específicamente al propietario de una propiedad de clase media

Cette personne doit, en effet, être balayée et rendue impossible

Esta persona debe, en verdad, ser barrida del camino, y hecha imposible

Le communisme ne prive personne du pouvoir de s'approprier les produits de la société

El comunismo no priva a ningún hombre del poder de apropiarse de los productos de la sociedad

tout ce que fait le communisme, c'est de le priver du pouvoir de subjuguer le travail d'autrui au moyen d'une telle appropriation

todo lo que hace el comunismo es privarlo del poder de subyugar el trabajo de otros por medio de tal apropiación

On a objecté qu'avec l'abolition de la propriété privée, tout travail cesserait

Se ha objetado que, tras la abolición de la propiedad privada, cesará todo trabajo

et il est alors suggéré que la paresse universelle nous rattrapera

y entonces se sugiere que la pereza universal se apoderará de nosotros

D'après cela, il y a longtemps que la société bourgeoise aurait dû aller aux chiens par pure oisiveté

De acuerdo con esto, la sociedad burguesa debería haber ido hace mucho tiempo a los perros por pura ociosidad

parce que ceux de ses membres qui travaillent, n'acquièrent rien

porque los de sus miembros que trabajan, no adquieren nada

et ceux de ses membres qui acquièrent quoi que ce soit, ne travaillent pas

y los de sus miembros que adquieren algo, no trabajan

L'ensemble de cette objection n'est qu'une autre expression de la tautologie

Toda esta objeción no es más que otra expresión de la tautología

Il ne peut plus y avoir de travail salarié quand il n'y a plus de capital

Ya no puede haber trabajo asalariado cuando ya no hay capital

Il n'y a pas de différence entre les produits matériels et les produits mentaux

No hay diferencia entre los productos materiales y los productos mentales

Le communisme propose que les deux soient produits de la même manière

El comunismo propone que ambos se producen de la misma manera

mais les objections contre les modes communistes de production sont les mêmes

pero las objeciones contra los modos comunistas de producirlos son las mismas

pour la bourgeoisie, la disparition de la propriété de classe est la disparition de la production elle-même

para la burguesía, la desaparición de la propiedad de clase es
la desaparición de la producción misma

**Ainsi, la disparition de la culture de classe est pour lui
identique à la disparition de toute culture**

De modo que la desaparición de la cultura de clase es para él
idéntica a la desaparición de toda cultura

**Cette culture, dont il déplore la perte, n'est pour l'immense
majorité qu'un simple entraînement à agir comme une
machine**

Esa cultura, cuya pérdida lamenta, es para la inmensa mayoría
un mero entrenamiento para actuar como una máquina

**Les communistes ont bien l'intention d'abolir la culture de
la propriété bourgeoise**

Los comunistas tienen la firme intención de abolir la cultura
de la propiedad burguesa

**Mais ne vous querellez pas avec nous tant que vous
appliquez les normes de vos notions bourgeoises de liberté,
de culture, de droit, etc**

Pero no discutan con nosotros mientras apliquen el estándar
de sus nociones burguesas de libertad, cultura, ley, etc

**Vos idées mêmes ne sont que le résultat des conditions de
votre production bourgeoise et de la propriété bourgeoise**

Vuestras mismas ideas no son más que el resultado de las
condiciones de la producción burguesa y de la propiedad
burguesa

**de même que votre jurisprudence n'est que la volonté de
votre classe érigée en loi pour tous**

del mismo modo que vuestra jurisprudencia no es más que la
voluntad de vuestra clase convertida en ley para todos

**Le caractère essentiel et l'orientation de cette volonté sont
déterminés par les conditions économiques créées par votre
classe sociale**

El carácter esencial y la dirección de esta voluntad están
determinados por las condiciones económicas que crea su
clase social

L'idée fausse égoïste qui vous pousse à transformer les formes sociales en lois éternelles de la nature et de la raison
El concepto erróneo egoísta que te induce a transformar las formas sociales en leyes eternas de la naturaleza y de la razón
les formes sociales qui découlent de votre mode de production et de votre forme de propriété actuels
las formas sociales que brotan de vuestro actual modo de producción y de vuestra forma de propiedad
des rapports historiques qui naissent et disparaissent dans le progrès de la production
relaciones históricas que surgen y desaparecen en el progreso de la producción
cette idée fausse que vous partagez avec toutes les classes dirigeantes qui vous ont précédés
Este concepto erróneo lo compartes con todas las clases dominantes que te han precedido
Ce que vous voyez clairement dans le cas de la propriété ancienne, ce que vous admettez dans le cas de la propriété féodale
Lo que se ve claramente en el caso de la propiedad antigua, lo que se admite en el caso de la propiedad feudal
ces choses, il vous est bien entendu interdit de les admettre dans le cas de votre propre forme de propriété bourgeoise
estas cosas, por supuesto, le está prohibido admitir en el caso de su propia forma burguesa de propiedad
Abolition de la famille ! Même les plus radicaux s'enflamment devant cette infâme proposition des communistes
¡Abolición de la familia! Hasta los más radicales estallan ante esta infame propuesta de los comunistas
Sur quelle base se fonde la famille actuelle, la famille bourgeoise ?
¿Sobre qué base se asienta la familia actual, la familia Bourgeoisie?
La fondation de la famille actuelle est basée sur le capital et le gain privé

La base de la familia actual se basa en el capital y la ganancia privada

Sous sa forme complètement développée, cette famille n'existe que dans la bourgeoisie

En su forma completamente desarrollada, esta familia sólo existe entre la burguesía

Cet état de choses trouve son complément dans l'absence pratique de la famille chez les prolétaires

Este estado de cosas encuentra su complemento en la ausencia práctica de la familia entre los proletarios

Cet état de choses se retrouve dans la prostitution publique

Este estado de cosas se puede encontrar en la prostitución pública

La famille bourgeoise disparaîtra d'office quand son effectif disparaîtra

La familia Bourgeoisie se desvanecerá como algo natural cuando su complemento se desvanezca

et l'une et l'autre s'évanouiront avec la disparition du capital

y ambos se desvanecerán con la desaparición del capital

Nous accusez-vous de vouloir mettre fin à l'exploitation des enfants par leurs parents ?

¿Nos acusan de querer detener la explotación de los niños por parte de sus padres?

Nous plaidons coupables de ce crime

De este crimen nos declaramos culpables

Mais, direz-vous, on détruit les relations les plus sacrées, quand on remplace l'éducation à domicile par l'éducation sociale

Pero, dirás, destruimos la más sagrada de las relaciones, cuando reemplazamos la educación en el hogar por la educación social

Votre éducation n'est-elle pas aussi sociale ? Et n'est-elle pas déterminée par les conditions sociales dans lesquelles vous éduquez ?

¿No es también social su educación? ¿Y no está determinado por las condiciones sociales en las que se educa?

par l'intervention, directe ou indirecte, de la société, par le biais de l'école, etc.

por la intervención, directa o indirecta, de la sociedad, por medio de las escuelas, etc.

Les communistes n'ont pas inventé l'intervention de la société dans l'éducation

Los comunistas no han inventado la intervención de la sociedad en la educación

ils ne cherchent qu'à modifier le caractère de cette intervention

lo único que pretenden es alterar el carácter de esa intervención

et ils cherchent à sauver l'éducation de l'influence de la classe dirigeante

y buscan rescatar la educación de la influencia de la clase dominante

La bourgeoisie parle de la relation sacrée du parent et de l'enfant

La burguesía habla de la sagrada correlación entre padres e hijos

mais ce baratin sur la famille et l'éducation devient d'autant plus répugnant quand on regarde l'industrie moderne

pero esta trampa sobre la familia y la educación se vuelve aún más repugnante cuando miramos a la industria moderna

Tous les liens familiaux entre les prolétaires sont déchirés par l'industrie moderne

Todos los lazos familiares entre los proletarios son desgarrados por la industria moderna

Leurs enfants sont transformés en simples objets de commerce et en instruments de travail

Sus hijos se transforman en simples artículos de comercio e instrumentos de trabajo

Mais vous, communistes, vous créeriez une communauté de femmes, crie en chœur toute la bourgeoisie

Pero vosotros, los comunistas, creáis una comunidad de mujeres, grita a coro toda la burguesía

La bourgeoisie ne voit en sa femme qu'un instrument de production

La burguesía ve en su mujer un mero instrumento de producción

Il entend dire que les instruments de production doivent être exploités par tous

Oye que los instrumentos de producción deben ser explotados por todos

et, naturellement, il ne peut arriver à aucune autre conclusion que celle d'être commun à tous retombera également sur les femmes

Y, naturalmente, no puede llegar a otra conclusión que la de que la suerte de ser común a todos recaerá igualmente en las mujeres

Il ne soupçonne même pas qu'il s'agit en fait d'en finir avec le statut de la femme en tant que simple instrument de production

Ni siquiera sospecha que el verdadero objetivo es acabar con la condición de la mujer como meros instrumentos de producción

Du reste, rien n'est plus ridicule que l'indignation vertueuse de notre bourgeoisie contre la communauté des femmes

Por lo demás, nada es más ridículo que la virtuosa indignación de nuestra burguesía contra la comunidad de mujeres

ils prétendent qu'elle doit être établie ouvertement et officiellement par les communistes

pretenden que sea abierta y oficialmente establecida por los comunistas

Les communistes n'ont pas besoin d'introduire la communauté des femmes, elle existe depuis des temps immémoriaux

Los comunistas no tienen necesidad de introducir la comunidad de mujeres, ha existido casi desde tiempos inmemoriales

Notre bourgeoisie ne se contente pas d'avoir à sa disposition les femmes et les filles de ses prolétaires

Nuestra burguesía no se contenta con tener a su disposición a las mujeres e hijas de sus proletarios

Ils prennent le plus grand plaisir à séduire les femmes de l'autre

Tienen el mayor placer en seducir a las esposas de los demás

Et cela ne parle même pas des prostituées ordinaires

Y eso sin hablar de las prostitutas comunes

Le mariage bourgeois est en réalité un système d'épouses en commun

El matrimonio burgués es en realidad un sistema de esposas en común

puis il y a une chose qu'on pourrait peut-être reprocher aux communistes

entonces hay una cosa que se podría reprochar a los comunistas

Ils souhaitent introduire une communauté de femmes ouvertement légalisée

Desean introducir una comunidad de mujeres abiertamente legalizada

plutôt qu'une communauté de femmes hypocritement dissimulée

en lugar de una comunidad de mujeres hipócritamente oculta

la communauté des femmes issues du système de production

la comunidad de mujeres que surgen del sistema de producción

Abolissez le système de production, et vous abolissez la communauté des femmes

abolid el sistema de producción y abolid la comunidad de mujeres

La prostitution publique est abolie et la prostitution privée

Se suprime la prostitución pública y la prostitución privada

On reproche en outre aux communistes de vouloir abolir les pays et les nationalités

A los comunistas se les reprocha, además, que desean abolir los países y las nacionalidades

Les travailleurs n'ont pas de patrie, nous ne pouvons donc pas leur prendre ce qu'ils n'ont pas

Los trabajadores no tienen patria, así que no podemos quitarles lo que no tienen

Le prolétariat doit d'abord acquérir la suprématie politique

El proletariado debe, ante todo, adquirir la supremacía política

Le prolétariat doit s'élever pour être la classe dirigeante de la nation

El proletariado debe elevarse para ser la clase dirigente de la nación

Le prolétariat doit se constituer en nation

El proletariado debe constituirse en la nación

elle est, jusqu'à présent, elle-même nationale, mais pas dans le sens bourgeois du mot

es, hasta ahora, nacional, aunque no en el sentido burgués de la palabra

Les différences nationales et les antagonismes entre les peuples s'estompent chaque jour davantage

Las diferencias nacionales y los antagonismos entre los pueblos desaparecen cada día más

grâce au développement de la bourgeoisie, à la liberté du commerce, au marché mondial

debido al desarrollo de la burguesía, a la libertad de comercio, al mercado mundial

à l'uniformité du mode de production et des conditions de vie qui y correspondent

a la uniformidad en el modo de producción y en las condiciones de vida correspondientes

La suprématie du prolétariat les fera disparaître encore plus vite

La supremacía del proletariado hará que desaparezcan aún más rápidamente

L'action unie, du moins dans les principaux pays civilisés, est une des premières conditions de l'émancipation du prolétariat

La acción unida, al menos de los principales países civilizados, es una de las primeras condiciones para la emancipación del proletariado

Dans la mesure où l'exploitation d'un individu par un autre prendra fin, l'exploitation d'une nation par une autre prendra également fin à

En la medida en que se ponga fin a la explotación de un individuo por otro, también se pondrá fin a la explotación de una nación por otra.

À mesure que l'antagonisme entre les classes à l'intérieur de la nation disparaîtra, l'hostilité d'une nation envers une autre prendra fin

A medida que desaparezca el antagonismo entre las clases dentro de la nación, la hostilidad de una nación hacia otra llegará a su fin

Les accusations portées contre le communisme d'un point de vue religieux, philosophique et, en général, idéologique, ne méritent pas d'être examinées sérieusement

Las acusaciones contra el comunismo hechas desde un punto de vista religioso, filosófico y, en general, ideológico, no merecen un examen serio

Faut-il une intuition profonde pour comprendre que les idées, les vues et les conceptions de l'homme changent à chaque changement dans les conditions de son existence matérielle ?

¿Se requiere una intuición profunda para comprender que las ideas, puntos de vista y concepciones del hombre cambian con cada cambio en las condiciones de su existencia material?

N'est-il pas évident que la conscience de l'homme change lorsque ses relations sociales et sa vie sociale changent ?

¿No es obvio que la conciencia del hombre cambia cuando cambian sus relaciones sociales y su vida social?

Qu'est-ce que l'histoire des idées prouve d'autre, sinon que la production intellectuelle change de caractère à mesure que la production matérielle se modifie ?

¿Qué otra cosa prueba la historia de las ideas sino que la producción intelectual cambia de carácter a medida que cambia la producción material?

Les idées dominantes de chaque époque ont toujours été les idées de sa classe dirigeante

Las ideas dominantes de cada época han sido siempre las ideas de su clase dominante

Quand on parle d'idées qui révolutionnent la société, on n'exprime qu'un seul fait

Cuando se habla de ideas que revolucionan la sociedad, no hace más que expresar un hecho

Au sein de l'ancienne société, les éléments d'une nouvelle société ont été créés

Dentro de la vieja sociedad, se han creado los elementos de una nueva

et que la dissolution des vieilles idées va de pair avec la dissolution des anciennes conditions d'existence

y que la disolución de las viejas ideas sigue el mismo ritmo que la disolución de las viejas condiciones de existencia

Lorsque le monde antique était dans ses dernières affresses, les anciennes religions ont été vaincues par le christianisme

Cuando el mundo antiguo estaba en sus últimos estertores, las religiones antiguas fueron vencidas por el cristianismo

Lorsque les idées chrétiennes ont succombé au XVIIIe siècle aux idées rationalistes, la société féodale a mené une bataille à mort contre la bourgeoisie alors révolutionnaire

Cuando las ideas cristianas sucumbieron en el siglo XVIII a las ideas racionalistas, la sociedad feudal libró su batalla a muerte contra la burguesía revolucionaria de entonces

Les idées de liberté religieuse et de liberté de conscience n'ont fait qu'exprimer l'emprise de la libre concurrence dans le domaine de la connaissance

Las ideas de la libertad religiosa y de la libertad de conciencia no hacían más que expresar el dominio de la libre competencia en el dominio del conocimiento

« Sans doute, dira-t-on, les idées religieuses, morales, philosophiques et juridiques ont été modifiées au cours du développement historique »

"Indudablemente", se dirá, "las ideas religiosas, morales, filosóficas y jurídicas se han modificado en el curso del desarrollo histórico"

Mais la religion, la morale, la philosophie, la science politique et le droit ont constamment survécu à ce changement.

"Pero la religión, la filosofía de la moral, la ciencia política y el derecho, sobrevivieron constantemente a este cambio"

« Il y a aussi des vérités éternelles, telles que la Liberté, la Justice, etc. »

"También hay verdades eternas, como la Libertad, la Justicia, etc."

« Ces vérités éternelles sont communes à tous les états de la société »

"Estas verdades eternas son comunes a todos los estados de la sociedad"

« Mais le communisme abolit les vérités éternelles, il abolit toute religion et toute morale »

"Pero el comunismo suprime las verdades eternas, suprime toda religión y toda moral"

« il fait cela au lieu de les constituer sur une nouvelle base »

"Lo hace en lugar de constituirlos sobre una nueva base"

« Elle agit donc en contradiction avec toute l'expérience historique passée »

"Por lo tanto, actúa en contradicción con toda la experiencia histórica pasada"

À quoi se réduit cette accusation ?

¿A qué se reduce esta acusación?

L'histoire de toute la société passée a consisté dans le développement d'antagonismes de classe

La historia de toda la sociedad pasada ha consistido en el desarrollo de antagonismos de clase

antagonismes qui ont pris des formes différentes selon les époques

antagonismos que asumieron diferentes formas en diferentes épocas

Mais quelle que soit la forme qu'ils aient prise, un fait est commun à tous les âges passés

Pero cualquiera que sea la forma que hayan tomado, un hecho es común a todas las épocas pasadas

l'exploitation d'une partie de la société par l'autre

la explotación de una parte de la sociedad por la otra

Il n'est donc pas étonnant que la conscience sociale des âges passés se meuve à l'intérieur de certaines formes communes ou d'idées générales

No es de extrañar, pues, que la conciencia social de épocas pasadas se mueva dentro de ciertas formas comunes o ideas generales

(et ce, malgré toute la multiplicité et la variété qu'il affiche)

(y eso a pesar de toda la multiplicidad y variedad que muestra)

et ceux-ci ne peuvent disparaître complètement qu'avec la disparition totale des antagonismes de classe

y éstos no pueden desaparecer por completo sino con la desaparición total de los antagonismos de clase

La révolution communiste est la rupture la plus radicale avec les rapports de propriété traditionnels

La revolución comunista es la ruptura más radical con las relaciones tradicionales de propiedad

Il n'est donc pas étonnant que son développement implique la rupture la plus radicale avec les idées traditionnelles

No es de extrañar que su desarrollo implique la ruptura más radical con las ideas tradicionales

Mais finissons-en avec les objections de la bourgeoisie contre le communisme

Pero dejemos de lado las objeciones de la burguesía al comunismo

Nous avons vu plus haut le premier pas de la révolution de la classe ouvrière

Hemos visto más arriba el primer paso de la revolución de la clase obrera

Le prolétariat doit être élevé à la position de dirigeant, pour gagner la bataille de la démocratie

Hay que elevar al proletariado a la posición de gobernante, para ganar la batalla de la democracia

Le prolétariat usera de sa suprématie politique pour arracher peu à peu tout le capital à la bourgeoisie

El proletariado utilizará su supremacía política para arrebatar, poco a poco, todo el capital a la burguesía

elle centralisera tous les instruments de production entre les mains de l'État

centralizará todos los instrumentos de producción en manos del Estado

En d'autres termes, le prolétariat s'est organisé en classe dominante

En otras palabras, el proletariado organizado como clase dominante

et elle augmentera le plus rapidement possible le total des forces productives

y aumentará el total de las fuerzas productivas lo más rápidamente posible

Bien sûr, au début, cela ne peut se faire qu'au moyen d'incursions despotiques dans les droits de propriété

Por supuesto, al principio, esto no puede llevarse a cabo sino por medio de incursiones despóticas en los derechos de propiedad

et elle doit être réalisée dans les conditions de la production bourgeoise

y tiene que lograrse en las condiciones de la producción burguesa

Elle est donc réalisée au moyen de mesures qui semblent économiquement insuffisantes et intenables

Por lo tanto, se logra mediante medidas que parecen
económicamente insuficientes e insostenibles

**mais ces moyens, dans le cours du mouvement, se dépassent
d'eux-mêmes**

pero estos medios, en el curso del movimiento, se superan a sí
mismos

**elles nécessitent de nouvelles incursions dans l'ancien ordre
social**

Requieren nuevas incursiones en el viejo orden social

**et ils sont inévitables comme moyen de révolutionner
entièrement le mode de production**

y son ineludibles como medio de revolucionar por completo el
modo de producción

Ces mesures seront bien sûr différentes selon les pays

Por supuesto, estas medidas serán diferentes en los distintos
países

**Néanmoins, dans les pays les plus avancés, ce qui suit sera
assez généralement applicable**

Sin embargo, en los países más avanzados, lo siguiente será de
aplicación bastante general

**1. L'abolition de la propriété foncière et l'affectation de
toutes les rentes foncières à des fins publiques.**

1. Abolición de la propiedad de la tierra y aplicación de todas
las rentas de la tierra a fines públicos.

2. Un impôt sur le revenu progressif ou progressif lourd.

2. Un fuerte impuesto progresivo o gradual sobre la renta.

3. Abolition de tout droit d'héritage.

3. Abolición de todo derecho de herencia.

4. Confiscation des biens de tous les émigrés et rebelles.

4. Confiscación de los bienes de todos los emigrantes y
rebeldes.

**5. Centralisation du crédit entre les mains de l'État, au
moyen d'une banque nationale à capital d'État et monopole
exclusif.**

5. Centralización del crédito en manos del Estado, por medio
de un banco nacional de capital estatal y monopolio exclusivo.

6. Centralisation des moyens de communication et de transport entre les mains de l'État.

6. Centralización de los medios de comunicación y transporte en manos del Estado.

7. Extension des usines et des instruments de production appartenant à l'État

7. Ampliación de fábricas e instrumentos de producción propiedad del Estado

la mise en culture des terres incultes, et l'amélioration du sol en général d'après un plan commun.

la puesta en cultivo de tierras baldías y el mejoramiento del suelo en general de acuerdo con un plan común.

8. Responsabilité égale de tous vis-à-vis du travail

8. Igual responsabilidad de todos hacia el trabajo

Mise en place d'armées industrielles, notamment pour l'agriculture.

Establecimiento de ejércitos industriales, especialmente para la agricultura.

9. Combinaison de l'agriculture et des industries manufacturières

9. Combinación de la agricultura con las industrias manufactureras

l'abolition progressive de la distinction entre la ville et la campagne, par une répartition plus égale de la population sur le territoire.

Abolición gradual de la distinción entre la ciudad y el campo, por una distribución más equitativa de la población en todo el país.

10. Gratuité de l'éducation pour tous les enfants dans les écoles publiques.

10. Educación gratuita para todos los niños en las escuelas públicas.

Abolition du travail des enfants dans les usines sous sa forme actuelle

Abolición del trabajo infantil en las fábricas en su forma actual

Combinaison de l'éducation et de la production industrielle

Combinación de la educación con la producción industrial

Quand, au cours du développement, les distinctions de classe ont disparu

Cuando, en el curso del desarrollo, las distinciones de clase han desaparecido

et quand toute la production aura été concentrée entre les mains d'une vaste association de toute la nation

y cuando toda la producción se ha concentrado en manos de una vasta asociación de toda la nación

alors la puissance publique perdra son caractère politique

entonces el poder público perderá su carácter político

Le pouvoir politique, proprement dit, n'est que le pouvoir organisé d'une classe pour en opprimer une autre

El poder político, propiamente dicho, no es más que el poder organizado de una clase para oprimir a otra

Si le prolétariat, dans sa lutte contre la bourgeoisie, est contraint, par la force des choses, de s'organiser en classe

Si el proletariado, en su lucha contra la burguesía, se ve obligado, por la fuerza de las circunstancias, a organizarse como clase

si, par une révolution, elle se fait la classe dominante

si, por medio de una revolución, se convierte en la clase dominante

et, en tant que telle, elle balaie par la force les anciennes conditions de production

y, como tal, barre por la fuerza las viejas condiciones de producción

alors, avec ces conditions, elle aura balayé les conditions d'existence des antagonismes de classes et des classes en général

entonces, junto con estas condiciones, habrá barrido las condiciones para la existencia de los antagonismos de clase y de las clases en general

et aura ainsi aboli sa propre suprématie en tant que classe.

y con ello habrá abolido su propia supremacía como clase.

**A la place de l'ancienne société bourgeoise, avec ses classes
et ses antagonismes de classes, nous aurons une association**
En lugar de la vieja sociedad burguesa, con sus clases y sus
antagonismos de clase, tendremos una asociación
**une association dans laquelle le libre développement de
chacun est la condition du libre développement de tous**
una asociación en la que el libre desarrollo de cada uno sea la
condición para el libre desarrollo de todos

1) Le socialisme réactionnaire
1) Socialismo reaccionario

a) Le socialisme féodal
a) Socialismo feudal

les aristocraties de France et d'Angleterre avaient une position historique unique
las aristocracias de Francia e Inglaterra tenían una posición histórica única
c'est devenu leur vocation d'écrire des pamphlets contre la société bourgeoise moderne
se convirtió en su vocación escribir panfletos contra la sociedad burguesa moderna
Dans la révolution française de juillet 1830 et dans l'agitation réformiste anglaise
En la Revolución Francesa de julio de 1830 y en la agitación reformista inglesa
Ces aristocraties succombèrent de nouveau à l'odieux parvenu
Estas aristocracias sucumbieron de nuevo ante el odioso advenedizo
Dès lors, il n'était plus question d'une lutte politique sérieuse
A partir de entonces, una contienda política seria quedó totalmente fuera de discusión
Tout ce qui restait possible, c'était une bataille littéraire, pas une véritable bataille
Todo lo que quedaba posible era una batalla literaria, no una batalla real
Mais même dans le domaine de la littérature, les vieux cris de la période de la restauration étaient devenus impossibles
Pero incluso en el dominio de la literatura, los viejos gritos del período de la restauración se habían vuelto imposibles
Pour s'attirer la sympathie, l'aristocratie était obligée de perdre de vue, semble-t-il, ses propres intérêts

Para despertar simpatías, la aristocracia se vio obligada a
perder de vista, aparentemente, sus propios intereses
**et ils ont été obligés de formuler leur réquisitoire contre la
bourgeoisie dans l'intérêt de la classe ouvrière exploitée**
y se vieron obligados a formular su acusación contra la
burguesía en interés de la clase obrera explotada
**C'est ainsi que l'aristocratie prit sa revanche en chantant des
pamphlets sur son nouveau maître**
Así, la aristocracia se vengó cantando sátiras a su nuevo amo
**et ils prirent leur revanche en lui murmurant à l'oreille de
sinistres prophéties de catastrophe à venir**
y se vengaron susurrándole al oído siniestras profecías de
catástrofe venidera
**C'est ainsi qu'est né le socialisme féodal : moitié
lamentation, moitié moquerie**
De esta manera surgió el socialismo feudal: mitad
lamentación, mitad sátira
**Il sonnait comme un demi-écho du passé, et projetait une
demi-menace de l'avenir**
Sonaba como medio eco del pasado y proyectaba mitad
amenaza del futuro
**parfois, par sa critique acerbe, spirituelle et incisive, il
frappait la bourgeoisie au plus profond de lui-même**
a veces, con su crítica amarga, ingeniosa e incisiva, golpeó a la
burguesía hasta la médula
**mais elle a toujours été ridicule dans son effet, par
l'incapacité totale de comprendre la marche de l'histoire
moderne**
pero siempre fue ridículo en su efecto, por su total
incapacidad para comprender la marcha de la historia
moderna
**L'aristocratie, pour rallier le peuple à elle, agitait le sac
d'aumône prolétarien en guise de bannière**
La aristocracia, con el fin de atraer al pueblo hacia ellos,
agitaba la bolsa de limosnas proletaria delante como una
bandera

Mais le peuple, toutes les fois qu'il se joignait à lui, voyait sur son arrière-train les anciennes armoiries féodales

Pero el pueblo, tan a menudo como se unía a ellos, veía en sus cuartos traseros los antiguos escudos de armas feudales

et ils désertèrent avec des rires bruyants et irrévérencieux

y desertaron con carcajadas ruidosas e irreverentes

Une partie des légitimistes français et de la « Jeune Angleterre » offrit ce spectacle

Un sector de los legitimistas franceses y de la "Joven Inglaterra" exhibió este espectáculo

les féodaux ont fait remarquer que leur mode d'exploitation était différent de celui de la bourgeoisie

los feudales señalaban que su modo de explotación era diferente al de la burguesía

Les féodaux oublient qu'ils ont exploité dans des circonstances et des conditions tout à fait différentes

Los feudales olvidan que explotaron en circunstancias y condiciones muy diferentes

Et ils n'ont pas remarqué que de telles méthodes d'exploitation sont maintenant désuètes

Y no se dieron cuenta de que tales métodos de explotación ahora son anticuados

Ils ont montré que, sous leur domination, le prolétariat moderne n'a jamais existé

demostraron que, bajo su gobierno, el proletariado moderno nunca existió

mais ils oublient que la bourgeoisie moderne est le produit nécessaire de leur propre forme de société

pero olvidan que la burguesía moderna es el vástago necesario de su propia forma de sociedad

Pour le reste, ils dissimulent à peine le caractère réactionnaire de leur critique

Por lo demás, apenas ocultan el carácter reaccionario de su crítica

Leur principale accusation contre la bourgeoisie se résume à ceci

su principal acusación contra la burguesía es la siguiente

sous le régime bourgeois, une classe sociale se développe

bajo el régimen de la burguesía se está desarrollando una clase
social

**Cette classe sociale est destinée à découper de fond en
comble l'ancien ordre de la société**

Esta clase social está destinada a cortar de raíz el viejo orden
de la sociedad

**Ce qu'ils reprochent à la bourgeoisie, ce n'est pas tant
qu'elle crée un prolétariat**

Lo que reprochan a la burguesía no es tanto que cree un
proletariado

**ce qu'ils reprochent à la bourgeoisie, c'est plutôt de créer un
prolétariat révolutionnaire**

lo que reprochan a la burguesía es más bien que crea un
proletariado revolucionario

**Dans la pratique politique, ils se joignent donc à toutes les
mesures coercitives contre la classe ouvrière**

En la práctica política, por lo tanto, se unen a todas las
medidas coercitivas contra la clase obrera

**Et dans la vie ordinaire, malgré leurs phrases hautaines, ils
s'abaissent à ramasser les pommes d'or tombées de l'arbre
de l'industrie**

Y en la vida ordinaria, a pesar de sus frases altisonantes, se
inclinan a recoger las manzanas de oro que caen del árbol de
la industria

**et ils troquent la vérité, l'amour et l'honneur contre le
commerce de la laine, du sucre de betterave et de l'eau-de-
vie de pommes de terre**

y trocan la verdad, el amor y el honor por el comercio de lana,
azúcar de remolacha y aguardiente de patata

**De même que le pasteur a toujours marché main dans la
main avec le propriétaire foncier, il en a été de même du
socialisme clérical et du socialisme féodal**

Así como el párroco ha ido siempre de la mano con el terrateniente, así también lo ha hecho el socialismo clerical con el socialismo feudal

Rien n'est plus facile que de donner à l'ascétisme chrétien une teinte socialiste

Nada es más fácil que dar al ascetismo cristiano un tinte socialista

Le christianisme n'a-t-il pas déclamé contre la propriété privée, contre le mariage, contre l'État ?

¿No ha declamado el cristianismo contra la propiedad privada, contra el matrimonio, contra el Estado?

Le christianisme n'a-t-il pas prêché à la place de la charité et de la pauvreté ?

¿No ha predicado el cristianismo en lugar de estos, la caridad y la pobreza?

Le christianisme ne prêche-t-il pas le célibat et la mortification de la chair, de la vie monastique et de l'Église mère ?

¿Acaso el cristianismo no predica el celibato y la mortificación de la carne, la vida monástica y la Madre Iglesia?

Le socialisme chrétien n'est que l'eau bénite avec laquelle le prêtre consacre les brûlures du cœur de l'aristocrate

El socialismo cristiano no es más que el agua bendita con la que el sacerdote consagra los ardores del corazón del aristócrata

b) Le socialisme petit-bourgeois
b) Socialismo pequeñoburgués

L'aristocratie féodale n'est pas la seule classe ruinée par la bourgeoisie
La aristocracia feudal no fue la única clase arruinada por la burguesía
ce n'était pas la seule classe dont les conditions d'existence languissaient et périssaient dans l'atmosphère de la société bourgeoise moderne
no fue la única clase cuyas condiciones de existencia languidecieron y perecieron en la atmósfera de la sociedad burguesa moderna
Les bourgeois médiévaux et les petits propriétaires paysans ont été les précurseurs de la bourgeoisie moderne
Los burgueses medievales y los pequeños propietarios campesinos fueron los precursores de la burguesía moderna
Dans les pays peu développés, tant au point de vue industriel que commercial, ces deux classes végètent encore côte à côte
En los países poco desarrollados, industrial y comercialmente, estas dos clases siguen vegetando una al lado de la otra
et pendant ce temps, la bourgeoisie se lève à côté d'eux : industriellement, commercialement et politiquement
y mientras tanto la burguesía se levanta junto a ellos: industrial, comercial y políticamente
Dans les pays où la civilisation moderne s'est pleinement développée, une nouvelle classe de petite bourgeoisie s'est formée
En los países donde la civilización moderna se ha desarrollado plenamente, se ha formado una nueva clase de pequeña burguesía
cette nouvelle classe sociale oscille entre le prolétariat et la bourgeoisie
esta nueva clase social fluctúa entre el proletariado y la burguesía

et elle se renouvelle sans cesse en tant que partie supplémentaire de la société bourgeoise

y siempre se renueva como parte complementaria de la sociedad burguesa

Cependant, les membres individuels de cette classe sont constamment précipités dans le prolétariat

Sin embargo, los miembros individuales de esta clase son constantemente arrojados al proletariado

ils sont aspirés par le prolétariat par l'action de la concurrence

son absorbidos por el proletariado a través de la acción de la competencia

Au fur et à mesure que l'industrie moderne se développe, ils voient même approcher le moment où ils disparaîtront complètement en tant que section indépendante de la société moderne

A medida que la industria moderna se desarrolla, incluso ven acercarse el momento en que desaparecerán por completo como sección independiente de la sociedad moderna

ils seront remplacés, dans les manufactures, l'agriculture et le commerce, par des surveillants, des huissiers et des boutiquiers

Serán reemplazados, en las manufacturas, la agricultura y el comercio, por vigilantes, alguaciles y tenderos

Dans des pays comme la France, où les paysans représentent bien plus de la moitié de la population

En países como Francia, donde los campesinos constituyen mucho más de la mitad de la población

il était naturel qu'il y ait des écrivains qui se rangent du côté du prolétariat contre la bourgeoisie

era natural que hubiera escritores que se pusieran del lado del proletariado contra la burguesía

dans leur critique du régime bourgeois, ils utilisaient l'étendard de la bourgeoisie paysanne et de la petite bourgeoisie

en su crítica al régimen burgués utilizaron el estandarte de la
pequeña burguesía campesina

**et, du point de vue de ces classes intermédiaires, ils
prennent le relais de la classe ouvrière**

Y desde el punto de vista de estas clases intermedias, toman el
garrote de la clase obrera

**C'est ainsi qu'est né le socialisme petit-bourgeois, dont
Sismondi était le chef de cette école, non seulement en
France, mais aussi en Angleterre**

Así surgió el socialismo pequeñoburgués, del que Sismondi
era el jefe de esta escuela, no sólo en Francia, sino también en
Inglaterra

**Cette école du socialisme a disséqué avec une grande acuité
les contradictions des conditions de la production moderne**

Esta escuela del socialismo diseccionó con gran agudeza las
contradicciones de las condiciones de producción moderna

Cette école a mis à nu les excuses hypocrites des économistes

Esta escuela puso al descubierto las apologías hipócritas de los
economistas

**Cette école prouva sans conteste les effets désastreux du
machinisme et de la division du travail**

Esta escuela demostró, incontrovertiblemente, los efectos
desastrosos de la maquinaria y de la división del trabajo

**elle prouvait la concentration du capital et de la terre entre
quelques mains**

Probó la concentración del capital y de la tierra en pocas
manos

**elle a prouvé comment la surproduction conduit à des crises
bourgeoises**

demostró cómo la sobreproducción conduce a las crisis de la
burguesía

**il soulignait la ruine inévitable de la petite bourgeoisie et
des paysans**

señalaba la ruina inevitable de la pequeña burguesía y del
campesino

la misère du prolétariat, l'anarchie de la production, les inégalités criantes dans la répartition des richesses

la miseria del proletariado, la anarquía en la producción, las desigualdades flagrantes en la distribución de la riqueza

Il a montré comment le système de production mène la guerre industrielle d'extermination entre les nations

Mostró cómo el sistema de producción lidera la guerra industrial de exterminio entre naciones

la dissolution des vieux liens moraux, des vieilles relations familiales, des vieilles nationalités

la disolución de los viejos lazos morales, de las viejas relaciones familiares, de las viejas nacionalidades

Dans ses objectifs positifs, cependant, cette forme de socialisme aspire à réaliser l'une des deux choses suivantes

Sin embargo, en sus objetivos positivos, esta forma de socialismo aspira a lograr una de dos cosas

soit elle vise à restaurer les anciens moyens de production et d'échange

o bien pretende restaurar los antiguos medios de producción y de intercambio

et avec les anciens moyens de production, elle rétablirait les anciens rapports de propriété et l'ancienne société

y con los viejos medios de producción restauraría las viejas relaciones de propiedad y la vieja sociedad

ou bien elle vise à enfermer les moyens modernes de production et d'échange dans l'ancien cadre des rapports de propriété

o pretende apretar los medios modernos de producción e intercambio en el viejo marco de las relaciones de propiedad

Dans un cas comme dans l'autre, elle est à la fois réactionnaire et utopique

En cualquier caso, es a la vez reaccionario y utópico

Ses derniers mots sont : guildes corporatives pour la fabrication, relations patriarcales dans l'agriculture

Sus últimas palabras son: gremios corporativos para la manufactura, relaciones patriarcales en la agricultura

En fin de compte, lorsque les faits historiques obstinés ont dispersé tous les effets enivrants de l'auto-tromperie

En última instancia, cuando los obstinados hechos históricos habían dispersado todos los efectos embriagadores del autoengaño

cette forme de socialisme se termina par un misérable accès de pitié

esta forma de socialismo terminó en un miserable ataque de lástima

c) Le socialisme allemand, ou « vrai »
c) Socialismo alemán o "verdadero"

La littérature socialiste et communiste de France est née sous la pression d'une bourgeoisie au pouvoir
La literatura socialista y comunista de Francia se originó bajo la presión de una burguesía en el poder
Et cette littérature était l'expression de la lutte contre ce pouvoir
Y esta literatura era la expresión de la lucha contra este poder
elle a été introduite en Allemagne à une époque où la bourgeoisie venait de commencer sa lutte contre l'absolutisme féodal
se introdujo en Alemania en un momento en que la burguesía acababa de comenzar su lucha contra el absolutismo feudal
Les philosophes allemands, les prétendus philosophes et les beaux esprits, s'emparèrent avidement de cette littérature
Los filósofos alemanes, los aspirantes a filósofos y los beaux esprits, se apoderaron con avidez de esta literatura
mais ils oubliaient que les écrits avaient émigré de France en Allemagne sans apporter avec eux les conditions sociales françaises
pero olvidaron que los escritos emigraron de Francia a Alemania sin traer consigo las condiciones sociales francesas
Au contact des conditions sociales allemandes, cette littérature française perd toute sa signification pratique immédiate
En contacto con las condiciones sociales alemanas, esta literatura francesa perdió toda su significación práctica inmediata
et la littérature communiste de France a pris un aspect purement littéraire dans les cercles académiques allemands
y la literatura comunista de Francia asumió un aspecto puramente literario en los círculos académicos alemanes

Ainsi, les exigences de la première Révolution française n'étaient rien d'autre que les exigences de la « raison pratique »

Así, las exigencias de la primera Revolución Francesa no eran más que las exigencias de la "Razón Práctica"

et l'expression de la volonté de la bourgeoisie française révolutionnaire signifiait à leurs yeux la loi de la volonté pure

y la expresión de la voluntad de la burguesía revolucionaria francesa significaba a sus ojos la ley de la voluntad pura

il signifiait la Volonté telle qu'elle devait être ; de la vraie Volonté humaine en général

significaba la Voluntad tal como estaba destinada a ser; de la verdadera Voluntad humana en general

Le monde des lettrés allemands ne consistait qu'à mettre les nouvelles idées françaises en harmonie avec leur ancienne conscience philosophique

El mundo de los literatos alemanes consistía únicamente en armonizar las nuevas ideas francesas con su antigua conciencia filosófica

ou plutôt, ils ont annexé les idées françaises sans déserter leur propre point de vue philosophique

o mejor dicho, se anexionaron las ideas francesas sin abandonar su propio punto de vista filosófico

Cette annexion s'est faite de la même manière que l'on s'approprie une langue étrangère, c'est-à-dire par la traduction

Esta anexión se llevó a cabo de la misma manera en que se apropia una lengua extranjera, es decir, por traducción

Il est bien connu comment les moines ont écrit des vies stupides de saints catholiques sur des manuscrits

Es bien sabido cómo los monjes escribieron vidas tontas de santos católicos sobre manuscritos

les manuscrits sur lesquels les œuvres classiques de l'ancien paganisme avaient été écrites

los manuscritos sobre los que se habían escrito las obras
clásicas del antiguo paganismo

**Les lettrés allemands ont inversé ce processus avec la
littérature française profane**

Los literatos alemanes invirtieron este proceso con la literatura
profana francesa

**Ils ont écrit leurs absurdités philosophiques sous l'original
français**

Escribieron sus tonterías filosóficas bajo el original francés

**Par exemple, sous la critique française des fonctions
économiques de l'argent, ils ont écrit « L'aliénation de
l'humanité »**

Por ejemplo, debajo de la crítica francesa a las funciones
económicas del dinero, escribieron "Alienación de la
humanidad"

**au-dessous de la critique française de l'État bourgeois, ils
écrivaient « détrônement de la catégorie du général »**

debajo de la crítica francesa al Estado burgués escribieron
"destronamiento de la categoría de general"

**L'introduction de ces phrases philosophiques à la fin des
critiques historiques françaises qu'ils ont baptisées :**

La introducción de estas frases filosóficas en el reverso de las
críticas históricas francesas las denominó:

**« Philosophie de l'action », « Vrai socialisme », « Science
allemande du socialisme », « Fondement philosophique du
socialisme », etc**

"Filosofía de la acción", "Socialismo verdadero", "Ciencia
alemana del socialismo", "Fundamentos filosóficos del
socialismo", etc

**La littérature socialiste et communiste française est ainsi
complètement émasculée**

De este modo, la literatura socialista y comunista francesa
quedó completamente castrada

**entre les mains des philosophes allemands, elle cessa
d'exprimer la lutte d'une classe contre l'autre**

en manos de los filósofos alemanes dejó de expresar la lucha de una clase con la otra

et c'est ainsi que les philosophes allemands se sentaient conscients d'avoir surmonté « l'unilatéralité française »

y así los filósofos alemanes se sintieron conscientes de haber superado la "unilateralidad francesa"

Il n'avait pas à représenter de vraies exigences, mais plutôt des exigences de vérité

no tenía que representar requisitos verdaderos, sino que representaba requisitos de verdad

il n'y avait pas d'intérêt pour le prolétariat, mais plutôt pour la nature humaine

no había interés en el proletariado, más bien, había interés en la Naturaleza Humana

l'intérêt était dans l'Homme en général, qui n'appartient à aucune classe et n'a pas de réalité

el interés estaba en el Hombre en general, que no pertenece a ninguna clase y no tiene realidad

un homme qui n'existe que dans le royaume brumeux de la fantaisie philosophique

Un hombre que sólo existe en el brumoso reino de la fantasía filosófica

mais finalement, ce socialisme allemand d'écolier perdit aussi son innocence pédante

pero con el tiempo este colegial socialismo alemán también perdió su inocencia pedante

la bourgeoisie allemande, et surtout la bourgeoisie prussienne, luttait contre l'aristocratie féodale

la burguesía alemana, y especialmente la burguesía prusiana, lucharon contra la aristocracia feudal

la monarchie absolue de l'Allemagne et de la Prusse était également combattue

la monarquía absoluta de Alemania y Prusia también estaba siendo combatida

Et à son tour, la littérature du mouvement libéral est également devenue plus sérieuse

Y a su vez, la literatura del movimiento liberal también se hizo
más seria

**L'Allemagne a eu l'occasion longtemps souhaitée par le «
vrai » socialisme de se voir offrir**

Se le ofreció a Alemania la tan deseada oportunidad del
"verdadero" socialismo

**l'occasion de confronter le mouvement politique aux
revendications socialistes**

la oportunidad de confrontar al movimiento político con las
reivindicaciones socialistas

**l'occasion de jeter les anathèmes traditionnels contre le
libéralisme**

la oportunidad de lanzar los anatemas tradicionales contra el
liberalismo

**l'occasion d'attaquer le gouvernement représentatif et la
concurrence bourgeoise**

la oportunidad de atacar al gobierno representativo y a la
competencia burguesa

**Liberté de la presse bourgeoise, législation bourgeoise,
liberté et égalité bourgeoise**

Libertad de prensa burguesa, Legislación burguesa, Libertad e
igualdad burguesa

**Tout cela pourrait maintenant être critiqué dans le monde
réel, plutôt que dans la fantaisie**

Todo esto ahora podría ser criticado en el mundo real, en
lugar de en la fantasía

**L'aristocratie féodale et la monarchie absolue prêchaient
depuis longtemps aux masses**

La aristocracia feudal y la monarquía absoluta habían
predicado durante mucho tiempo a las masas

« L'ouvrier n'a rien à perdre, et il a tout à gagner »

"El obrero no tiene nada que perder y tiene todo que ganar"

**le mouvement bourgeois offrait aussi une chance de se
confronter à ces platitudes**

el movimiento burgués también ofrecía la oportunidad de
hacer frente a estos tópicos

la critique française présupposait l'existence d'une société bourgeoise moderne

la crítica francesa presuponía la existencia de la sociedad burguesa moderna

Conditions économiques d'existence de la bourgeoisie et constitution politique de la bourgeoisie

Las condiciones económicas de existencia de la burguesía y la constitución política de la burguesía

les choses mêmes dont la réalisation était l'objet de la lutte imminente en Allemagne

las mismas cosas cuya consecución era el objeto de la lucha pendiente en Alemania

L'écho stupide du socialisme en Allemagne a abandonné ces objectifs juste à temps

El estúpido eco del socialismo alemán abandonó estos objetivos justo a tiempo

Les gouvernements absolus avaient leur suite de pasteurs, de professeurs, d'écuyers de campagne et de fonctionnaires

Los gobiernos absolutos tenían sus seguidores de párrocos, profesores, escuderos y funcionarios

le gouvernement de l'époque a répondu aux soulèvements de la classe ouvrière allemande par des coups de fouet et des balles

el gobierno de la época se enfrentó a los levantamientos de la clase obrera alemana con azotes y balas

pour eux, ce socialisme était un épouvantail bienvenu contre la bourgeoisie menaçante

para ellos este socialismo servía de espantapájaros contra la burguesía amenazadora

et le gouvernement allemand a pu offrir un dessert sucré après les pilules amères qu'il a distribuées

y el gobierno alemán pudo ofrecer un postre dulce después de las píldoras amargas que repartió

ce « vrai » socialisme servait donc aux gouvernements d'arme pour combattre la bourgeoisie allemande

este "verdadero" socialismo servía así a los gobiernos como arma para combatir a la burguesía alemana

et, en même temps, il représentait directement un intérêt réactionnaire ; celle des Philistins allemands

y, al mismo tiempo, representaba directamente un interés reaccionario; la de los filisteos alemanes

En Allemagne, la petite bourgeoisie est la véritable base sociale de l'état de choses actuel

En Alemania, la pequeña burguesía es la verdadera base social del actual estado de cosas

une relique du XVIe siècle qui n'a cessé de surgir sous diverses formes

Una reliquia del siglo XVI que ha ido surgiendo constantemente bajo diversas formas

Conserver cette classe, c'est préserver l'état de choses existant en Allemagne

Preservar esta clase es preservar el estado de cosas existente en Alemania

La suprématie industrielle et politique de la bourgeoisie menace la petite bourgeoisie d'une destruction certaine

La supremacía industrial y política de la burguesía amenaza a la pequeña burguesía con una destrucción segura

d'une part, elle menace de détruire la petite bourgeoisie par la concentration du capital

por un lado, amenaza con destruir a la pequeña burguesía a través de la concentración del capital

d'autre part, la bourgeoisie menace de la détruire par l'avènement d'un prolétariat révolutionnaire

por otra parte, la burguesía amenaza con destruirla mediante el ascenso de un proletariado revolucionario

Le « vrai » socialisme semblait faire d'une pierre deux coups. Il s'est répandu comme une épidémie

El "verdadero" socialismo parecía matar estos dos pájaros de un tiro. Se extendió como una epidemia

La robe de toiles d'araignées spéculatives, brodée de fleurs de rhétorique, trempée dans la rosée du sentiment maladif

El manto de telarañas especulativas, bordado con flores de
retórica, empapado en el rocío de un sentimiento enfermizo
**cette robe transcendantale dans laquelle les socialistes
allemands enveloppaient leurs tristes « vérités éternelles »**
esta túnica trascendental en la que los socialistas alemanes
envolvían sus tristes "verdades eternas"
**tout de peau et d'os, servaient à augmenter
merveilleusement la vente de leurs marchandises auprès
d'un public aussi**
toda la piel y los huesos, sirvieron para aumentar
maravillosamente la venta de sus productos entre un público
tan
**Et de son côté, le socialisme allemand reconnaissait de plus
en plus sa propre vocation**
Y por su parte, el socialismo alemán reconocía, cada vez más,
su propia vocación
**on l'appelait à être le représentant grandiloquent de la
petite-bourgeoisie philistine**
estaba llamado a ser el grandilocuente representante de la
pequeña burguesía filistea
**Il proclamait que la nation allemande était la nation modèle,
et le petit philistin allemand l'homme modèle**
Proclamaba que la nación alemana era la nación modelo, y que
el pequeño filisteo alemán era el hombre modelo
**À chaque méchanceté de cet homme modèle, elle donnait
une interprétation socialiste cachée, plus élevée**
A cada maldad malvada de este hombre modelo le daba una
interpretación socialista oculta y superior
**cette interprétation socialiste supérieure était l'exact
contraire de son caractère réel**
esta interpretación socialista superior era exactamente lo
contrario de su carácter real
**Il est allé jusqu'à s'opposer directement à la tendance «
brutalement destructrice » du communisme**
Llegó al extremo de oponerse directamente a la tendencia
"brutalmente destructiva" del comunismo

et il proclamait son mépris suprême et impartial de toutes les luttes de classes

y proclamó su supremo e imparcial desprecio de todas las luchas de clases

À de très rares exceptions près, toutes les publications dites socialistes et communistes qui circulent aujourd'hui (1847) en Allemagne appartiennent au domaine de cette littérature nauséabonde et énervante

Con muy pocas excepciones, todas las publicaciones llamadas socialistas y comunistas que ahora (1847) circulan en Alemania pertenecen al dominio de esta literatura sucia y enervante

2) Le socialisme conservateur ou le socialisme bourgeois
2) Socialismo conservador o socialismo burgués

Une partie de la bourgeoisie est désireuse de redresser les griefs sociaux
Una parte de la burguesía está deseosa de reparar los agravios sociales
afin d'assurer la pérennité de la société bourgeoise
con el fin de asegurar la continuidad de la sociedad burguesa
C'est à cette section qu'appartiennent les économistes, les philanthropes, les humanitaires
A esta sección pertenecen economistas, filántropos, humanistas
améliorateurs de la condition de la classe ouvrière et organisateurs de la charité
mejoradores de la condición de la clase obrera y organizadores de la caridad
membres des sociétés de prévention de la cruauté envers les animaux
Miembros de las Sociedades para la Prevención de la Crueldad contra los Animales
fanatiques de la tempérance, réformateurs de toutes sortes imaginables
fanáticos de la templanza, reformadores de todo tipo imaginable
Cette forme de socialisme a, d'ailleurs, été élaborée en systèmes complets
Esta forma de socialismo, además, ha sido elaborada en sistemas completos
On peut citer la « Philosophie de la Misère » de Proudhon comme exemple de cette forme
Podemos citar la "Philosophie de la Misère" de Proudhon como ejemplo de esta forma
La bourgeoisie socialiste veut tous les avantages des conditions sociales modernes

La burguesía socialista quiere todas las ventajas de las condiciones sociales modernas

mais la bourgeoisie socialiste ne veut pas nécessairement des luttes et des dangers qui en résultent

pero la burguesía socialista no quiere necesariamente las luchas y los peligros resultantes

Ils désirent l'état actuel de la société, sans ses éléments révolutionnaires et désintégrateurs

Desean el estado actual de la sociedad, menos sus elementos revolucionarios y desintegradores

c'est-à-dire qu'ils veulent une bourgeoisie sans prolétariat

en otras palabras, desean una burguesía sin proletariado

La bourgeoisie conçoit naturellement le monde dans lequel elle est souveraine d'être la meilleure

La burguesía concibe naturalmente el mundo en el que es supremo ser el mejor

et le socialisme bourgeois développe cette conception confortable en divers systèmes plus ou moins complets

y el socialismo burgués desarrolla esta cómoda concepción en varios sistemas más o menos completos

ils voudraient beaucoup que le prolétariat marche droit dans la Nouvelle Jérusalem sociale

les gustaría mucho que el proletariado marchara directamente hacia la Nueva Jerusalén social

Mais en réalité, elle exige du prolétariat qu'il reste dans les limites de la société existante

pero en realidad requiere que el proletariado permanezca dentro de los límites de la sociedad existente

ils demandent au prolétariat de se débarrasser de toutes ses idées haineuses sur la bourgeoisie

piden al proletariado que abandone todas sus ideas odiosas sobre la burguesía

il y a une seconde forme plus pratique, mais moins systématique, de ce socialisme

hay una segunda forma más práctica, pero menos sistemática, de este socialismo

Cette forme de socialisme cherchait à déprécier tout mouvement révolutionnaire aux yeux de la classe ouvrière

Esta forma de socialismo buscaba despreciar todo movimiento revolucionario a los ojos de la clase obrera

Ils soutiennent qu'aucune simple réforme politique ne pourrait leur être d'un quelconque avantage

Argumentan que ninguna mera reforma política podría ser ventajosa para ellos

Seul un changement dans les conditions matérielles d'existence dans les relations économiques est bénéfique

Sólo un cambio en las condiciones materiales de existencia en las relaciones económicas es beneficioso

Comme le communisme, cette forme de socialisme prône un changement des conditions matérielles d'existence

Al igual que el comunismo, esta forma de socialismo aboga por un cambio en las condiciones materiales de existencia

Cependant, cette forme de socialisme ne suggère nullement l'abolition des rapports de production bourgeois

sin embargo, esta forma de socialismo no sugiere en modo alguno la abolición de las relaciones de producción burguesas

l'abolition des rapports de production bourgeois ne peut se faire que par la révolution

la abolición de las relaciones de producción burguesas sólo puede lograrse mediante una revolución

Mais au lieu d'une révolution, cette forme de socialisme suggère des réformes administratives

Pero en lugar de una revolución, esta forma de socialismo sugiere reformas administrativas

et ces réformes administratives seraient fondées sur la pérennité de ces relations

y estas reformas administrativas se basarían en la continuidad de estas relaciones

réformes qui n'affectent en rien les rapports entre le capital et le travail

reformas, por lo tanto, que no afectan en ningún aspecto a las relaciones entre el capital y el trabajo

au mieux, de telles réformes réduisent le coût et simplifient le travail administratif du gouvernement bourgeois

en el mejor de los casos, tales reformas disminuyen el costo y simplifican el trabajo administrativo del gobierno burgués

Le socialisme bourgeois atteint une expression adéquate lorsque, et seulement lorsque, il devient une simple figure de style

El socialismo burgués alcanza una expresión adecuada cuando, y sólo cuando, se convierte en una mera figura retórica

Le libre-échange : au profit de la classe ouvrière

Libre comercio: en beneficio de la clase obrera

Les devoirs protecteurs : au profit de la classe ouvrière

Deberes protectores: en beneficio de la clase obrera

Réforme pénitentiaire : au profit de la classe ouvrière

Reforma Penitenciaria: en beneficio de la clase trabajadora

C'est le dernier mot et le seul mot sérieux du socialisme bourgeois

Esta es la última palabra y la única palabra seria del socialismo burgués

Elle se résume dans la phrase : la bourgeoisie est une bourgeoisie au profit de la classe ouvrière

Se resume en la frase: la burguesía es una burguesía en beneficio de la clase obrera

3) Socialisme et communisme utopiques critiques
3) Socialismo crítico-utópico y comunismo

Nous ne nous référons pas ici à la littérature qui a toujours donné la parole aux revendications du prolétariat
No nos referimos aquí a esa literatura que siempre ha dado voz a las reivindicaciones del proletariado
cela a été présent dans toutes les grandes révolutions modernes, comme les écrits de Babeuf et d'autres
esto ha estado presente en todas las grandes revoluciones modernas, como los escritos de Babeuf y otros
Les premières tentatives directes du prolétariat pour parvenir à ses propres fins échouèrent nécessairement
Las primeras tentativas directas del proletariado para alcanzar sus propios fines fracasaron necesariamente
Ces tentatives ont été faites dans des temps d'effervescence universelle, lorsque la société féodale était renversée
Estos intentos se hicieron en tiempos de excitación universal, cuando la sociedad feudal estaba siendo derrocada
L'état alors peu développé du prolétariat a conduit à l'échec de ces tentatives
El entonces subdesarrollado del proletariado llevó a que fracasaran esos intentos
et ils ont échoué en raison de l'absence des conditions économiques pour son émancipation
y fracasaron por la ausencia de las condiciones económicas para su emancipación
conditions qui n'avaient pas encore été produites, et qui ne pouvaient être produites que par l'époque de la bourgeoisie
condiciones que aún no se habían producido, y que sólo podían ser producidas por la inminente época de la burguesía
La littérature révolutionnaire qui accompagnait ces premiers mouvements du prolétariat avait nécessairement un caractère réactionnaire

La literatura revolucionaria que acompañó a estos primeros
movimientos del proletariado tuvo necesariamente un carácter
reaccionario

**Cette littérature inculquait l'ascétisme universel et le
nivellement social dans sa forme la plus grossière**

Esta literatura inculcó el ascetismo universal y la nivelación
social en su forma más cruda

**Les systèmes socialistes et communistes, proprement dits,
naissent au début de la période sous-développée**

Los sistemas socialista y comunista, propiamente dichos,
surgen en el período temprano no desarrollado

**Saint-Simon, Fourier, Owen et d'autres, ont décrit la lutte
entre le prolétariat et la bourgeoisie (voir section 1)**

Saint-Simon, Fourier, Owen y otros, describieron la lucha
entre el proletariado y la burguesía (ver sección 1)

**Les fondateurs de ces systèmes voient, en effet, les
antagonismes de classe**

Los fundadores de estos sistemas ven, en efecto, los
antagonismos de clase

**Ils voient aussi l'action des éléments en décomposition, dans
la forme dominante de la société**

también ven la acción de los elementos en descomposición, en
la forma predominante de la sociedad

**Mais le prolétariat, encore à ses débuts, leur offre le
spectacle d'une classe sans aucune initiative historique**

Pero el proletariado, todavía en su infancia, les ofrece el
espectáculo de una clase sin ninguna iniciativa histórica

**Ils voient le spectacle d'une classe sociale sans aucun
mouvement politique indépendant**

Ven el espectáculo de una clase social sin ningún movimiento
político independiente

**Le développement de l'antagonisme de classe va de pair
avec le développement de l'industrie**

El desarrollo del antagonismo de clase sigue el mismo ritmo
que el desarrollo de la industria

La situation économique ne leur offre donc pas encore les conditions matérielles de l'émancipation du prolétariat

De modo que la situación económica no les ofrece todavía las condiciones materiales para la emancipación del proletariado

Ils cherchent donc une nouvelle science sociale, de nouvelles lois sociales, qui doivent créer ces conditions

Por lo tanto, buscan una nueva ciencia social, nuevas leyes sociales, que creen estas condiciones

l'action historique, c'est céder à leur action inventive personnelle

acción histórica es ceder a su acción inventiva personal

Les conditions d'émancipation créées historiquement doivent céder la place à des conditions fantastiques

Las condiciones de emancipación creadas históricamente han de ceder ante condiciones fantásticas

et l'organisation de classe graduelle et spontanée du prolétariat doit céder la place à l'organisation de la société

y la organización gradual y espontánea de clase del proletariado debe ceder ante la organización de la sociedad

l'organisation de la société spécialement conçue par ces inventeurs

la organización de la sociedad especialmente ideada por estos inventores

L'histoire future se résout, à leurs yeux, dans la propagande et l'exécution pratique de leurs projets sociaux

La historia futura se resuelve, a sus ojos, en la propaganda y en la realización práctica de sus planes sociales

Dans l'élaboration de leurs plans, ils ont conscience de s'occuper avant tout des intérêts de la classe ouvrière

En la formación de sus planes son conscientes de preocuparse principalmente por los intereses de la clase obrera

Ce n'est que du point de vue d'être la classe la plus souffrante que le prolétariat existe pour eux

Sólo desde el punto de vista de ser la clase más sufriente existe el proletariado para ellos

L'état sous-développé de la lutte des classes et leur propre environnement informent leurs opinions

El estado subdesarrollado de la lucha de clases y su propio entorno informan sus opiniones

Les socialistes de ce genre se considèrent comme bien supérieurs à tous les antagonismes de classe

Los socialistas de este tipo se consideran muy superiores a todos los antagonismos de clase

Ils veulent améliorer la condition de tous les membres de la société, même celle des plus favorisés

Quieren mejorar la condición de todos los miembros de la sociedad, incluso la de los más favorecidos

Par conséquent, ils s'adressent habituellement à la société dans son ensemble, sans distinction de classe

De ahí que habitualmente atraigan a la sociedad en general, sin distinción de clase

Bien plus, ils font appel à la société dans son ensemble de préférence à la classe dirigeante

Es más, apelan a la sociedad en general con preferencia a la clase dominante

Pour eux, tout ce qu'il faut, c'est que les autres comprennent leur système

Para ellos, todo lo que se requiere es que los demás entiendan su sistema

Car comment les gens peuvent-ils ne pas voir que le meilleur plan possible est le meilleur état possible de la société ?

Porque, ¿cómo puede la gente no ver que el mejor plan posible es para el mejor estado posible de la sociedad?

C'est pourquoi ils rejettent toute action politique, et surtout toute action révolutionnaire

Por lo tanto, rechazan toda acción política, y especialmente toda acción revolucionaria

ils veulent arriver à leurs fins par des moyens pacifiques

desean alcanzar sus fines por medios pacíficos

ils s'efforcent, par de petites expériences, qui sont nécessairement vouées à l'échec

se esfuerzan, mediante pequeños experimentos, que están necesariamente condenados al fracaso

et par la force de l'exemple, ils essaient d'ouvrir la voie au nouvel Évangile social

y con la fuerza del ejemplo tratan de abrir el camino al nuevo Evangelio social

De tels tableaux fantastiques de la société future, peints à une époque où le prolétariat est encore dans un état très sous-développé

Cuadros tan fantásticos de la sociedad futura, pintados en un momento en que el proletariado se encuentra todavía en un estado muy subdesarrollado

et il n'a encore qu'une conception fantasmatique de sa propre position

y todavía no tiene más que una concepción fantástica de su propia posición

Mais leurs premières aspirations instinctives correspondent aux aspirations du prolétariat

pero sus primeros anhelos instintivos corresponden a los anhelos del proletariado

L'un et l'autre aspirent à une reconstruction générale de la société

Ambos anhelan una reconstrucción general de la sociedad

Mais ces publications socialistes et communistes contiennent aussi un élément critique

Pero estas publicaciones socialistas y comunistas también contienen un elemento crítico

Ils s'attaquent à tous les principes de la société existante

Atacan todos los principios de la sociedad existente

C'est pourquoi ils sont remplis des matériaux les plus précieux pour l'illumination de la classe ouvrière

De ahí que estén llenos de los materiales más valiosos para la ilustración de la clase obrera

Ils proposent l'abolition de la distinction entre la ville et la campagne, et la famille

Proponen la abolición de la distinción entre la ciudad y el campo, y la familia

la suppression de l'exercice de l'industrie pour le compte des particuliers

la supresión de la explotación de industrias por cuenta de los particulares

et l'abolition du salariat et la proclamation de l'harmonie sociale

y la abolición del sistema salarial y la proclamación de la armonía social

la transformation des fonctions de l'État en une simple surveillance de la production

la conversión de las funciones del Estado en una mera superintendencia de la producción

Toutes ces propositions ne pointent que vers la disparition des antagonismes de classe

Todas estas propuestas, apuntan únicamente a la desaparición de los antagonismos de clase

Les antagonismes de classe ne faisaient alors que surgir

Los antagonismos de clase estaban, en ese momento, apenas surgiendo

Dans ces publications, ces antagonismes de classe ne sont reconnus que dans leurs formes les plus anciennes, indistinctes et indéfinies

En estas publicaciones estos antagonismos de clase se reconocen sólo en sus formas más tempranas, indistintas e indefinidas

Ces propositions ont donc un caractère purement utopique

Estas propuestas, por lo tanto, son de carácter puramente utópico

La signification du socialisme et du communisme critiques-utopiques est en relation inverse avec le développement historique

La importancia del socialismo crítico-utópico y del comunismo guarda una relación inversa con el desarrollo histórico

La lutte de classe moderne se développera et continuera à prendre une forme définitive

La lucha de clases moderna se desarrollará y continuará tomando forma definitiva

Cette réputation fantastique du concours perdra toute valeur pratique

Esta fantástica posición del concurso perderá todo valor práctico

Ces attaques fantastiques contre les antagonismes de classe perdront toute justification théorique

Estos fantásticos ataques a los antagonismos de clase perderán toda justificación teórica

Les initiateurs de ces systèmes étaient, à bien des égards, révolutionnaires

Los creadores de estos sistemas fueron, en muchos aspectos, revolucionarios

Mais leurs disciples n'ont, dans tous les cas, formé que des sectes réactionnaires

pero sus discípulos han formado, en todos los casos, meras sectas reaccionarias

Ils s'en tiennent fermement aux vues originales de leurs maîtres

Se aferran firmemente a los puntos de vista originales de sus amos

Mais ces vues s'opposent au développement historique progressif du prolétariat

Pero estos puntos de vista se oponen al desarrollo histórico progresivo del proletariado

Ils s'efforcent donc, et cela constamment, d'étouffer la lutte des classes

Por lo tanto, se esfuerzan, y eso de manera consecuente, por amortiguar la lucha de clases

et ils s'efforcent constamment de concilier les antagonismes de classe

y se esfuerzan constantemente por reconciliar los antagonismos de clase

Ils rêvent encore de la réalisation expérimentale de leurs utopies sociales

Todavía sueñan con la realización experimental de sus utopías sociales

ils rêvent encore de fonder des « phalanstères » isolés et d'établir des « colonies d'origine »

todavía sueñan con fundar "falansterios" aislados y establecer "colonias domésticas"

ils rêvent de mettre en place une « Petite Icarie » – éditions duodecimo de la Nouvelle Jérusalem

sueñan con establecer una "Pequeña Icaria": ediciones duodécimas de la Nueva Jerusalén

Et ils rêvent de réaliser tous ces châteaux dans les airs

y sueñan con realizar todos estos castillos en el aire

Ils sont obligés de faire appel aux sentiments et aux bourses des bourgeois

se ven obligados a apelar a los sentimientos y a las carteras de los burgueses

Peu à peu, ils s'enfoncent dans la catégorie des socialistes conservateurs réactionnaires décrits ci-dessus

Poco a poco se hunden en la categoría de los socialistas conservadores reaccionarios descritos anteriormente

ils ne diffèrent de ceux-ci que par une pédanterie plus systématique

sólo se diferencian de ellos por una pedantería más sistemática

et ils diffèrent par leur croyance fanatique et superstitieuse aux effets miraculeux de leur science sociale

y se diferencian por su creencia fanática y supersticiosa en los efectos milagrosos de su ciencia social

Ils s'opposent donc violemment à toute action politique de la part de la classe ouvrière

Por lo tanto, se oponen violentamente a toda acción política
por parte de la clase obrera
**une telle action, selon eux, ne peut résulter que d'une
incrédulité aveugle dans le nouvel Évangile**
tal acción, según ellos, sólo puede ser el resultado de una ciega
incredulidad en el nuevo Evangelio
**Les owénistes en Angleterre et les fouriéristes en France
s'opposent respectivement aux chartistes et aux réformistes**
Los owenistas en Inglaterra y los fourieristas en Francia,
respectivamente, se oponen a los cartistas y a los reformistas

Position des communistes par rapport aux divers partis d'opposition existants

Posición de los comunistas en relación con los diversos partidos de oposición existentes

La section II a mis en évidence les relations des communistes avec les partis ouvriers existants

La sección II ha dejado claras las relaciones de los comunistas con los partidos obreros existentes

comme les chartistes en Angleterre et les réformateurs agraires en Amérique

como los cartistas en Inglaterra y los reformadores agrarios en América

Les communistes luttent pour la réalisation des objectifs immédiats

Los comunistas luchan por el logro de los objetivos inmediatos

Ils luttent pour l'application des intérêts momentanés de la classe ouvrière

Luchan por la imposición de los intereses momentáneos de la clase obrera

Mais dans le mouvement politique d'aujourd'hui, ils représentent et s'occupent aussi de l'avenir de ce mouvement

Pero en el movimiento político del presente, también representan y cuidan el futuro de ese movimiento

En France, les communistes s'allient avec les social-démocrates

En Francia, los comunistas se alían con los socialdemócratas

et ils se positionnent contre la bourgeoisie conservatrice et radicale

y se posicionan contra la burguesía conservadora y radical

cependant, ils se réservent le droit d'adopter une position critique à l'égard des phrases et des illusions traditionnellement héritées de la grande Révolution

sin embargo, se reservan el derecho de tomar una posición crítica respecto de las frases e ilusiones tradicionalmente transmitidas desde la gran Revolución

En Suisse, ils soutiennent les radicaux, sans perdre de vue que ce parti est composé d'éléments antagonistes

En Suiza apoyan a los radicales, sin perder de vista que este partido está formado por elementos antagónicos

en partie des socialistes démocrates, au sens français du terme, en partie de la bourgeoisie radicale

en parte de los socialistas democráticos, en el sentido francés, en parte de la burguesía radical

En Pologne, ils soutiennent le parti qui insiste sur la révolution agraire comme condition première de l'émancipation nationale

En Polonia apoyan al partido que insiste en la revolución agraria como condición primordial para la emancipación nacional

ce parti qui fomenta l'insurrection de Cracovie en 1846

el partido que fomentó la insurrección de Cracovia en 1846

En Allemagne, ils luttent avec la bourgeoisie chaque fois qu'elle agit de manière révolutionnaire

En Alemania luchan con la burguesía cada vez que ésta actúa de manera revolucionaria

contre la monarchie absolue, l'escroc féodal et la petite bourgeoisie

contra la monarquía absoluta, la nobleza feudal y la pequeña burguesía

Mais ils ne cessent jamais, un seul instant, inculquer à la classe ouvrière une idée particulière

Pero no cesan, ni por un solo instante, de inculcar en la clase obrera una idea particular

la reconnaissance la plus claire possible de l'antagonisme hostile entre la bourgeoisie et le prolétariat

el reconocimiento más claro posible del antagonismo hostil entre la burguesía y el proletariado

afin que les ouvriers allemands puissent immédiatement utiliser les armes dont ils disposent

para que los obreros alemanes puedan utilizar inmediatamente las armas de que disponen

les conditions sociales et politiques que la bourgeoisie doit nécessairement introduire en même temps que sa suprématie

las condiciones sociales y políticas que la burguesía debe introducir necesariamente junto con su supremacía

la chute des classes réactionnaires en Allemagne est inévitable

la caída de las clases reaccionarias en Alemania es inevitable

et alors la lutte contre la bourgeoisie elle-même peut commencer immédiatement

y entonces la lucha contra la burguesía misma puede comenzar inmediatamente

Les communistes tournent leur attention principalement vers l'Allemagne, parce que ce pays est à la veille d'une révolution bourgeoise

Los comunistas dirigen su atención principalmente a Alemania, porque este país está en vísperas de una revolución burguesa

une révolution qui ne manquera pas de s'accomplir dans des conditions plus avancées de la civilisation européenne

una revolución que está destinada a llevarse a cabo en las condiciones más avanzadas de la civilización europea

Et elle ne manquera pas de se faire avec un prolétariat beaucoup plus développé

y está destinado a llevarse a cabo con un proletariado mucho más desarrollado

un prolétariat plus avancé que celui de l'Angleterre au XVIIe siècle, et celui de la France au XVIIIe siècle

un proletariado más avanzado que el de Inglaterra en el XVII y el de Francia en el siglo XVIII

et parce que la révolution bourgeoise en Allemagne ne sera que le prélude d'une révolution prolétarienne qui suivra immédiatement

y porque la revolución burguesa en Alemania no será más que el preludio de una revolución proletaria inmediatamente posterior

Bref, partout les communistes soutiennent tout mouvement révolutionnaire contre l'ordre social et politique existant

En resumen, los comunistas apoyan en todas partes todo movimiento revolucionario contra el orden social y político existente

Dans tous ces mouvements, ils mettent au premier plan, comme la question maîtresse de chacun d'eux, la question de la propriété

En todos estos movimientos ponen en primer plano, como cuestión principal en cada uno de ellos, la cuestión de la propiedad

quel que soit son degré de développement dans ce pays à ce moment-là

no importa cuál sea su grado de desarrollo en ese país en ese momento

Enfin, ils œuvrent partout pour l'union et l'accord des partis démocratiques de tous les pays

Finalmente, trabajan en todas partes por la unión y el acuerdo de los partidos democráticos de todos los países

Les communistes dédaignent de dissimuler leurs vues et leurs objectifs

Los comunistas desdeñan ocultar sus puntos de vista y sus objetivos

Ils déclarent ouvertement que leurs fins ne peuvent être atteintes que par le renversement par la force de toutes les conditions sociales existantes

Declaran abiertamente que sus fines sólo pueden alcanzarse mediante el derrocamiento por la fuerza de todas las condiciones sociales existentes

Que les classes dirigeantes tremblent devant une révolution communiste

Que las clases dominantes tiemblen ante una revolución comunista

Les prolétaires n'ont rien d'autre à perdre que leurs chaînes

Los proletarios no tienen nada que perder más que sus cadenas

Ils ont un monde à gagner

Tienen un mundo que ganar

TRAVAILLEURS DE TOUS LES PAYS, UNISSEZ-VOUS !

¡TRABAJADORES DE TODOS LOS PAÍSES, UNÍOS!

www.ingramcontent.com/pod-product-compliance
Lightning Source LLC
Chambersburg PA
CBHW011737020426
42333CB00024B/2925